Inhaltsangabe

Teil 1 der gestreckten Abschlussprüfung

Organisieren des Warensortiments und von Dienstleistungen

Teil 2 der gestreckten Abschlussprüfung

I. Kaufmännische Steuerung von Geschäftsprozessen

II. Prozessorientierte Beschaffungslogistik planen und steuern

III. Wirtschafts- und Sozialkunde

Teil 1 der gestreckten Abschlussprüfung

Organisieren des Warensortiments und von Dienstleistungen

A. Warensortiment zusammenstellen und Dienstleistungen anbieten 1

Situation zu den Fragen 1 - 5
Sie erhalten den Auftrag, sich mit dem Warensortiment zu befassen.

Frage 1: Was ist unter Sortiment zu verstehen?

Frage 2: Was ist unter dem Begriff Diversifikation zu verstehen?

Frage 3: Was ist der Unterschied zwischen einem breiten Sortiment und einem schmalen Sortiment? Nennen Sie je ein Beispiel.

Frage 4: Was ist unter einem Randsortiment zu verstehen?

Frage 5: Ordnen Sie entsprechend zu.

Beschreibung	Fachbegriff
1. Ein Großhändler besorgt Waren, die er nicht im Sortiment hat, bei einem Partner-Großhändler.	a) Sortimentsbereinigung
2. Nicht lukrative Güter werden aus dem Sortiment entfernt.	b) Sortimentserweiterung
3. Schwerpunkt der Produkte, die angeboten werden. Der Anteil am Umsatz ist hoch.	c) Sortimentstiefe
4. Abhängig von der Anzahl der verschiedenen Produkte innerhalb einer Warengruppe. Beispiel: Ein Schuhgeschäft mit vielen verschiedenen Modellen.	d) Sortimentskooperation
5. Bisher noch nicht geführte Waren werden ins Sortiment aufgenommen. Beispiel: Ein Baumarkt bietet auch Strandkörbe an.	e) Kernsortiment

Situation zu den Fragen 6 - 8
Der Textilien- und Bekleidungsgroßhändler Nord Textil möchte sein Sortiment um Babykleidung erweitern.

Frage 6: Der Geschäftsführer möchte zu diesem Zweck Marktforschung betreiben.

- Was ist Marktbeobachtung?
- Was ist Marktforschung?

Frage 7: Welche Gefahren können bei der Aufstellung einer Marktprognose entstehen?

Frage 8: Zusätzlich soll ein „Trading Up“ eines Teiles des Sortiments durchgeführt werden. Was ist darunter zu verstehen?

Top-Prüfung

Kauffrau/-mann für Groß- und Außenhandelsmanagement

Teil 1 & Teil 2 der Abschlussprüfung Fachrichtung Großhandel

Testaufgaben zur Prüfungsvorbereitung inkl. Lösungen

Top-Prüfung.de
Claus G. Ehlert

Vorwort

Dieses Buch dient zur Vorbereitung auf den **Teil 1 und Teil 2** der gestreckten Abschlussprüfung als Kauffrau / Kaufmann für Groß- und Außenhandelsmanagement (Fachrichtung Großhandel). Die Fragen sind - wie bei der schriftlichen Prüfung - in programmierter und in offener Form gestellt.

Sie können sich mit diesem Buch gezielt und effektiv auf mögliche Fragen vorbereiten und Schwachstellen in Ihrem Wissen aufdecken.

Die Testaufgaben sind in praktischen Blöcken zu 10 - 15 Fragen aufgeteilt. Sie können immer einen Aufgabenblock bearbeiten und dann mit den Lösungen vergleichen.

Die Fragen orientieren sich an dem Stoffkatalog der Aufgabenstelle für kaufmännische Abschlussprüfungen der IHK. Somit wird gewährleistet, dass es sich um prüfungsrelevante Fragen handelt.

Tipp: Wenn Sie die Antwort nicht wissen, arbeiten Sie nach dem Ausschlussverfahren. Streichen Sie die Antworten, die falsch sind.

Viel Erfolg bei Ihrer Prüfungsvorbereitung!

Autor: Claus G. Ehlert, Rettiner Weg 66, 23730 Neustadt
www.top-pruefung.de, E-mail: info@top-pruefung.de

1. Auflage: Juli 2023
ISBN: 978-3-943665-37-6

Frage 9: Ergänzen Sie die Warenklassifikation anhand folgender Sortimentspyramide.

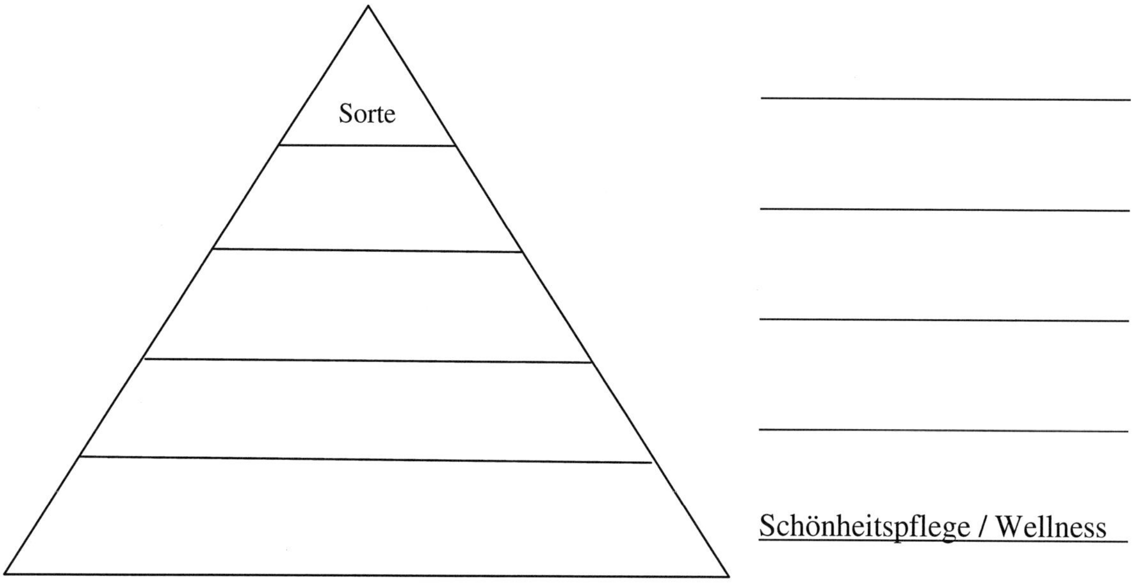

Situation zu den Fragen 10 - 13
Der Autozubehörgroßhändler Top Autoteile Möller überprüft sein Sortiment.

Frage 10: Der Großhändler möchte seinen Kunden auch Klappfahrräder anbieten. Wie wird diese Maßnahme genannt? 1 richtige Antwort

a) Sortimentsbereinigung
b) Sortimentserweiterung
c) Sortimentswegfall
d) Kernsortiment

Frage 11: Neben den Motorölen bekannter Hersteller sollen auch weitere Motoröle zu einem günstigen Preis angeboten werden. Wie wird diese Maßnahme genannt? 1 richtige Antwort

a) Saisonsortiment
b) Standardsortiment
c) Sortimentsdiversifikation
d) Sortimentsdifferenzierung

Frage 12: Der Autozubehörgroßhändler bietet seinen Kunden warenbezogene und kundenbezogene Dienstleistungen an. Welche der Angebote sind kundenbezogen? 2 richtige Antworten

a) Wartungsvertrag für Hebebühne
b) Günstige Lieferantenkredite
c) Reparaturservice für gelieferte Spezialmaschine
d) Kostenfreie Lieferung innerhalb von 24 Stunden

Frage 13: Wie werden Güter genannt, welche die Verwendung eines anderen Produktes voraussetzen, z. B. Auto und Benzin? 1 richtige Antwort

a) Konsumgüter
b) Substitutionsgüter
c) Komplementärgüter
d) Investitionsgüter

Frage 14: Nennen Sie die 5 Phasen eines Produktlebenszyklus.

Frage 15: Beschreiben Sie die Phase „Sättigung“ im Produktlebenszyklus.

Lösungen zu Fragenblock A 1

Frage 1: Als Sortiment werden die gesamten Waren und Dienstleistungen bezeichnet, die ein Handelsbetrieb anbietet. Das Sortiment sollte sich ständig den Bedürfnissen der Kunden anpassen.

Frage 2: Diversifikation ist eine Erweiterung des Sortiments. Es werden neue Waren oder Warengruppen in das Sortiment aufgenommen, die vorher noch nicht vertreten waren.

Frage 3:

Breites Sortiment:	Es werden viele Warengruppen angeboten. Beispiele: Kaufhaus, Supermarkt
Schmales Sortiment:	Es werden nur wenige Warengruppen angeboten. Beispiele: Uhrenfachgeschäft, Sportgeschäft

Frage 4: Der Anteil des Randsortiments am Umsatz ist gering. Diese Artikel gehören nicht zum „Kernsortiment", werden aber oft angeboten, um den Kunden einen zusätzlichen Service zu bieten.

Frage 5: 1d, 2a, 3e, 4c, 5b

Frage 6:

Marktbeobachtung ist das unsystematische Erfassen von Daten.
Marktforschung ist das systematische Gewinnen und Auswerten von Informationen.

Frage 7: Einflussfaktoren können falsch eingeschätzt werden. Die Prognose ist unsicher, da die Entwicklung in der Zukunft nur geschätzt werden kann. Somit besteht die Gefahr von Fehlinvestitionen.

Frage 8: Ein Trading Up ist eine qualitative Aufwertung des Sortiments zugunsten höherwertiger Waren. Dieses geschieht oft durch Aufnahme von Markenartikeln.

Frage 9:

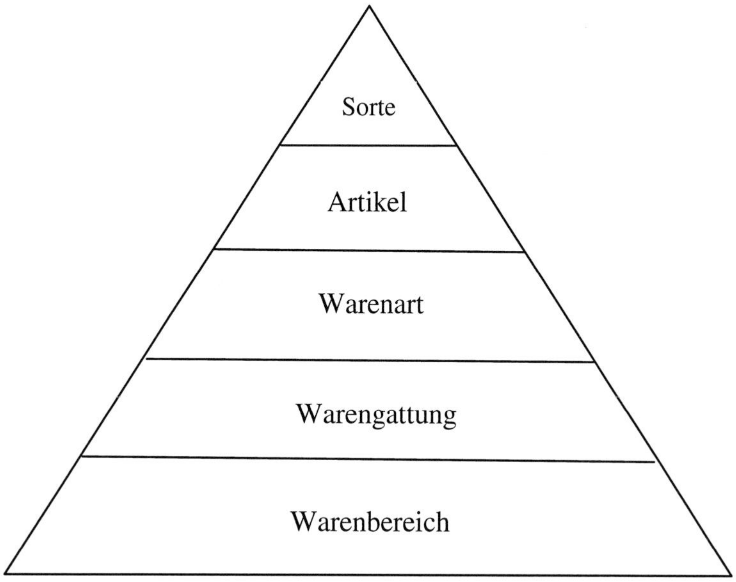

Duschschaum, Rosenduft, 500ml

Damen Duschgel von Beautyskin

Körperpflege

Körperhygiene

Schönheitspflege / Wellness

Frage 10: b

Frage 11: d

Frage 12: b, d

Frage 13: c

Frage 14:

I. Einführung	II. Wachstum	III. Reife	IV. Sättigung	V. Degeneration

Frage 15: Umsatz und Gewinn gehen zurück. Durch verschiedene Maßnahmen kann versucht werden, mehr Kunden zu gewinnen. Die Sättigungsphase endet, wenn die Umsatzerlöse die Deckungsbeitragsgrenze unterschreiten. Es wird dann kein Gewinn mehr erzielt.

A. Warensortiment zusammenstellen und Dienstleistungen anbieten 2

Frage 1: Welche Funktionen erfüllt die Verpackung von Waren?

Frage 2: Erklären Sie kurz Verkaufs-, Um- und Transportverpackung.

Frage 3: Der Verpackungsmüll bei Warenanlieferungen soll reduziert werden. Wie kann das erreicht werden? 2 richtige Antworten

a) Mehrwegverpackungen verwenden.
b) Pfandsysteme statt Einwegsysteme nutzen.
c) Rohstoffe und Hilfsstoffe in kleineren Gebinden beziehen.
d) Günstige Portionsverpackungen im Kundenbereich anbieten.

Frage 4: Welche Aussagen zur Rücknahme von Verpackungen stimmen? 2 richtige Antworten

a) Verkaufsverpackungen sind immer über das Duale System Deutschland (DSD) zu entsorgen.
b) Hersteller und Vertreiber müssen Transportverpackungen zurücknehmen.
c) Umverpackungen sind vor der Abgabe an den Endverbraucher zu entfernen oder dem Endverbraucher muss auf dem Verkaufsgelände die Möglichkeit zur Entsorgung bereitgestellt werden.
d) Umverpackungen brauchen nicht der Wiederverwertung zugeführt werden.

Situation zu den Fragen 5 - 7
Eine Großhandlung beschäftigt sich mit den gesetzlichen Grundlagen bezüglich der verwendeten Verpackungen.

Frage 5: Welche Zielsetzung hat das Kreislaufwirtschaftsgesetz?

Frage 6: Erklären Sie in dem Zusammenhang mit Verpackungen die Begriffe Vermeidung, Verwertung und Beseitigung.

Frage 7: Das Bruttogewicht einer Lieferung beträgt 1,004 Tonnen. Das Gewicht der Tara ist 5,5 % vom Nettogewicht. Wie hoch ist das Nettogewicht der Ware in kg?

Situation zu den Fragen 8 - 9
Der Gastronomiegroßhändler Nordfrisch erhält eine Lieferung von 20 Kisten Paprika. Eine Kiste Paprika wiegt brutto 5 kg und kostet 6,99 €. Die leere Kiste wiegt 450 g.

Frage 8: Wie teuer ist 1 kg Paprika netto?

Frage 9: Ermitteln Sie den Anteil der Verpackung in %.

Frage 10: Ordnen Sie entsprechend zu.

1. Fracht 2. Zoll 3. Rollgeld 4. Verladekosten 5. Bankspesen 6. Provision	a) Gewichtsspesen b) Wertspesen

Frage 11: Welche Aussage zum Brutto- und Nettogewicht ist richtig? 1 richtige Antwort

a) Bruttogewicht abzüglich Tara ergibt das Nettogewicht.
b) Bruttogewicht zuzüglich Tara ergibt das Nettogewicht.
c) Das Gesamtgewicht einer Lieferung wird auch als Nettogewicht bezeichnet.
d) Das Gesamtgewicht einer Lieferung wird auch als Tara bezeichnet.

Frage 12: Welche Auswirkungen hat eine zu große Lagerhaltung? 2 richtige Antworten

a) Es wird weniger Personal im Lager benötigt.
b) Verderbliche Waren können unbrauchbar werden.
c) Kapital wird gebunden.
d) Die Lagerhaltung wird übersichtlicher.

Frage 13: Ein Handelsbetrieb überlegt das Lager zu vergrößern. Welche Vorteile würden dadurch entstehen? 2 richtige Antworten

a) Senkung der Personalkosten.
b) Reduzierung des gebundenen Kapitals.
c) Schnelle Verfügbarkeit der benötigten Ware.
d) Senkung der Anzahl von Lieferungen und der damit verbundenen Umweltbelastung.

Situation zu den Fragen 14 - 15
Jonas Sommer arbeitet im Lager mit einem Warenwirtschaftssystem.

Frage 14: Welche Ziele werden mit einem Warenwirtschaftssystem verfolgt?
3 richtige Antworten

a) Optimierung des Sortiments
b) Überwachung der Bestände
c) Optimierung der Einkommenssteuer
d) Überwachung der Lagerkosten

Frage 15: Welchen Vorteil hat der elektronische Datenaustausch (EDI)?
1 richtige Antwort

a) Datenschutzbestimmungen brauchen nicht eingehalten zu werden.
b) Verringerung der Lagerbestände
c) Erhöhung der Lagerbestände
d) Erhöhung der durchschnittlichen Lagerdauer

Lösungen zu Fragenblock A 2

Frage 1:

Schutzfunktion,	z. B. vor Beschädigungen oder Wettereinflüssen
Lagerfunktion,	z. B. durch Stapeln der Ware
Transportfunktion,	z. B. durch einfaches Entladen mit Gabelstapler
Verkaufsfunktion,	z. B. durch einfaches Verkaufen in der Verpackung
Werbefunktion,	z. B. durch Beschriftung mit Werbung

Frage 2:
Verkaufsverpackung: Sie schützt den Inhalt.

Umverpackung: Eine zusätzliche Verpackung, die z. B. die Lagerung erleichtert. Sie können vom Endverbraucher in der Verkaufsstelle zurückgegeben werden. Umverpackungen sind nicht zwingend notwendig.

Transportverpackung: Diese Verpackungsart schützt die Waren während des Transportes.

Frage 3: a, b

Frage 4: b, c

Frage 5: Zweck des Kreislaufwirtschaftsgesetzes ist:
✓ Förderung der Kreislaufwirtschaft.
✓ Schonung der natürlichen Ressourcen (Rohstoffe, Quellen).
✓ Sicherung der umweltverträglichen Beseitigung von Abfällen.

Frage 6:
Vermeidung: Produktion und Konsum sollen so gestaltet sein, dass möglichst wenig Verpackungsabfall anfällt.

Verwertung: Unvermeidbare Verpackungsabfälle müssen ordnungsgemäß verwertet werden.

Beseitigung: Nicht vermeidbare und nicht verwertbare Verpackungsabfälle müssen umweltverträglich beseitigt werden (z. B. durch Verbrennung).

Frage 7: 105,5 % = 1004 kg
100 % = X

$$X = \frac{1004 \text{ kg} \times 100 \%}{105{,}5 \%}$$

X = 951,659 kg

Frage 8: 5 kg brutto - 0,450 kg Tara = 4,550 kg netto

4,550 kg = 6,99 €
1,000 kg = x

$$X = \frac{6{,}99\ € \times 1{,}000\ kg}{4{,}550\ kg}$$

X = 1,54 €

Frage 9: 5,000 kg = 100 %
0,450 kg = x

$$X = \frac{100\ \% \times 0{,}450\ kg}{5{,}000\ kg}$$

X = 9 %

Frage 10: 1a, 2b, 3a, 4a, 5b, 6b

Frage 11: a

Frage 12: b, c

Frage 13: c, d

Frage 14: a, b, d

Frage 15: b

B. Einkauf von Waren und Dienstleistungen 1

Situation zu den Fragen 1 - 4
Die Einkaufskosten für eine Produktgruppe sind bei der Großhandlung Sollner in der letzten Zeit stark gestiegen.

Frage 1: Wie können Sie Informationen über andere Lieferanten bekommen? Unterscheiden Sie dabei zwischen internen und externen Informationsquellen.

Frage 2: Nennen Sie Kriterien zur Beurteilung der Informationsquellen.

Frage 3: Was bedeutet der Vermerk „freibleibend" der Firma Müller GmbH auf einem Angebot?

Frage 4: Welche Bedeutung hat der Bestellzeitpunkt für den Einkauf?

Frage 5: Ordnen Sie die Aussagen und Formeln entsprechend zu.

1. Die Bestellung erfolgt zu bestimmten, vorher festgelegten Terminen.	a) Bestellzeitpunktverfahren
2. Täglicher Verbrauch x Lieferzeit + Mindestbestand =	b) Disposition
3. Die Bestellung erfolgt bei Erreichung des Meldebestandes.	c) Bestellrhythmusverfahren
4. Alle Tätigkeiten der Bedarfsplanung, Beschaffung, und Lagerhaltung.	d) Durchschnittlicher Lagerbestand
5. $\frac{\text{Anfangsbestand + 12 Monatsendbestände}}{13} =$	e) Meldebestand

Frage 6: Im Angebot des Großhändlers ist folgender Satz zu finden: „Die Ware bleibt bis zur vollständigen Bezahlung Eigentum des Verkäufers". Welche Auswirkungen hat diese Klausel? 2 richtige Antworten

a) Der Verkäufer und der Käufer werden je zur Hälfte Eigentümer der Ware.
b) Der Verkäufer bleibt Besitzer der Ware, der Käufer wird nur Eigentümer.
c) Der Verkäufer bleibt Eigentümer der Ware, der Käufer lediglich Besitzer.
d) Wenn der Käufer seinen Zahlungsverpflichtungen nicht nachkommt, kann der Verkäufer die Herausgabe der Ware verlangen.

Situation zu den Fragen 7 - 8
Der Bäckereigroßhändler Semmel GmbH & Co. KG erhält eine Anfrage von der Bäckerei Sahne in Hannover. Es geht um den Kauf von 5 Regalwagen für Backbleche.

Frage 7: Ist die Anfrage rechtlich bindend? 1 richtige Antwort

a) Ja, die Anfrage ist rechtlich bindend.
b) Ja, die Anfrage ist rechtlich bindend, wenn Sie schriftlich gestellt wird.
c) Nein, eine Anfrage ist rechtlich unverbindlich.
d) Ja, da es sich in diesem Fall um Firmen im Sinne des HGB handelt.

Frage 8: Der Bäckereigroßhändler Semmel GmbH & Co. KG erstellt ein Angebot und schickt dieses per Briefpost zu. Ist dieses Angebot rechtlich bindend? Wenn ja, wie lange? 1 richtige Antwort

a) Nein, das Angebot ist rechtlich nicht bindend.
b) Ja, das Angebot ist bindend. Es ist so lange gültig, wie unter normalen Umständen eine Antwort zu erwarten ist (ca. 1 Woche).
c) Ja, das Angebot ist bindend. Es ist so lange gültig, wie unter normalen Umständen eine Antwort zu erwarten ist (ca. 6 Wochen).
d) Ja, das Angebot ist bindend. Eine zeitliche Befristung gibt es nicht.

Frage 9: Vor dem Abschluss eines Kaufvertrages sollen mehrere Angebote qualitativ und quantitativ verglichen werden. Ordnen Sie die Kriterien entsprechend zu.

1. Preis 2. Einhaltung der Liefertermine 3. Rabatt und Skonto 4. Umweltfreundlichkeit 5. Beratung / Service 6. Transportkosten	a) quantitatives Bewertungskriterium b) qualitatives Bewertungskriterium

Frage 10: Kann ein Angebot widerrufen werden? 1 richtige Antwort

a) Nein, ein Angebot ist rechtlich bindend und kann nicht widerrufen werden.
b) Ja, ein Angebot kann jederzeit widerrufen werden.
c) Ja, ein Angebot kann widerrufen werden. Der Widerruf muss spätestens gleichzeitig mit dem Angebot beim Empfänger eingehen.
d) Ja, ein Angebot kann widerrufen werden, wenn der Widerruf innerhalb von 3 Tagen nach Eingang des Angebotes erfolgt.

Frage 11: Wir erhalten ein neues Angebot. Der Preis für ein Ersatzteil wurde von 68,00 € auf 54,40 € herabgesetzt. Wie hoch ist die Preissenkung in Prozent?

Lösungen zu Fragenblock B 1

Frage 1:

Interne Informationsquellen	Externe Informationsquellen
Lieferantenkartei / Artikelkartei	Elektronische Marktplätze
Außendienstberichte	Internetrecherche mit Suchmaschinen
Recherche in vorliegenden Dokumenten (z. B. Rechnungen, Bestellungen, Listen)	Online-Datenbanken externer Anbieter
Recherche im firmeninternen Intranet	Lieferantenbesuche und -befragung
	Messebesuche und Informationsreisen
	Fachzeitungen und Fachzeitschriften

Frage 2:

Aktualität	Objektivität	Verfügbarkeit
Urheberrecht	Sachliche Richtigkeit	Datenschutz

Frage 3: Mit dieser Freizeichnungsklausel schließt die Firma Müller GmbH eine rechtliche Bindung an das Angebot aus.

Frage 4: Der Bestellzeitpunkt hat eine große Bedeutung. Zu berücksichtigen sind z. B. Preiserhöhungen, Sonderangebote, Änderungen bei den Konditionen.
- Beschaffung zu früh: Es entstehen zusätzliche Lagerkosten.
- Beschaffung zu spät: Es entstehen Fehlmengenkosten, z. B. durch entgangenen Gewinn.

Frage 5: 1c, 2e, 3a, 4b, 5d

Frage 6: c, d

Frage 7: c

Frage 8: b

Frage 9: 1a, 2b, 3a, 4b, 5b, 6a

Frage 10: c

Frage 11: 68,00 € = 100 %
13,60 € = X

$$X = \frac{100\ \% \times 13{,}60\ €}{68{,}00\ €} \qquad X = \mathbf{20\ \%}$$

B. Einkauf von Waren und Dienstleistungen 2

Situation zu den Fragen 1 - 3
Zum März werden 120 Fußmatten benötigt. Folgende Schritte wurden dazu getätigt:

15.01.:	Anfrage an den Lieferanten Top Matten GmbH über 120 Fußmatten per E-Mail. Die Lieferung soll spätestens zum 15.02. erfolgen.
20.01.:	Das Angebot der Top Matten GmbH über 120 Fußmatten mit Lieferdatum zum 15.02. trifft per E-Mail ein.
27.01.:	Bestellung von 120 Fußmatten per Fax.
16.02.:	Die Lieferung ist noch nicht eingetroffen.
17.02.:	Anruf bei der Top Matten GmbH und Nachfrage, wo die Lieferung bleibt.

Frage 1: Wann ist der Kaufvertrag zustande gekommen?
Tragen Sie das Datum in das Kästchen ein.

Frage 2: Wie lange ist das Angebot per E-Mail vom 20.01. der Top Matten GmbH gültig?

a) Es gilt nur am gleichen Tag
b) 2 Tage
c) 1 Woche
d) 1 Monat

Frage 3: Wann gerät die Top Matten GmbH in Verzug?
Tragen Sie das Datum in das Kästchen ein.

Situation zu den Fragen 4 - 5
Sie sind bei der Blechle Großhandel GmbH für den Bürobedarf zuständig und bitten per E-Mail bei der Firma Hallmer Bürobedarf GmbH um ein Angebot für Druckerpatronen vom Typ Danba Inky 207.

Frage 4: Welche Aussage ist richtig? 1 richtige Antwort

a) Es handelt sich um einen unbestimmten Antrag.
b) Es handelt sich um eine unbestimmte Anfrage.
c) Es handelt sich um einen bestimmten Antrag.
d) Es handelt sich um eine bestimmte Anfrage.

Frage 5: Welche Aussagen zu bestimmten und unbestimmten Anfragen sind richtig?
2 richtige Antworten

a) Eine unbestimmte Anfrage soll oft einen Marktüberblick verschaffen.
b) Bei einer bestimmten Anfrage verpflichtet sich der Anfragende bei entsprechender Lieferfähigkeit zum Kauf.
c) Auf eine bestimmte Anfrage erfolgt meist ein detailliertes Angebot.
d) An eine unbestimmte Anfrage ist der Anfragende vier Tage gebunden. Die Frist verlängert sich bei bestimmten Anfragen auf eine Woche.

Situation zu den Fragen 6 - 7
Sie erhalten von der Firma Hallmer Bürobedarf GmbH ein Angebot für die Druckerpatronen. Die Patrone kostet 4,50 € netto. Ab 10 Patronen erhalten Sie einen Rabatt von 15 %. Bei Zahlung innerhalb von 7 Tagen wird Ihnen 3 % Skonto gewährt.

Frage 6: Wie teuer ist eine Patrone, wenn Sie 8 Stück bestellen und nach 30 Tagen die Rechnung bezahlen?

Frage 7: Wie teuer ist eine Druckerpatrone, wenn Sie 15 Stück bestellen und innerhalb von 7 Tagen die Rechnung zahlen?

Frage 8: Sie erhalten folgendes Angebot für Kopierpapier:
4 Kartons mit je 10 Pack Inhalt
Listeneinkaufspreis netto je Karton: 42,00 €
Rabatt: 30 %
Skonto bei Zahlung innerhalb von 14 Tagen: 3 %
Fracht: 4,50 € pro Karton

Wie hoch ist der Bezugspreis pro Pack Kopierpapier?

Frage 9: Welche Aussagen zum Gerichtsstand sind richtig? 2 richtige Antworten

a) Mit dem Gerichtsstand wird festgelegt, an welchem Ort Rechtsstreitigkeiten verhandelt werden.
b) Der Gerichtsstand ist immer der Firmensitz des Verkäufers.
c) Der gesetzliche Gerichtsstand ist der Gerichtssitz, in dessen Bezirk der Kläger seinen Wohnsitz hat.
d) Der gesetzliche Gerichtstand ist der Gerichtssitz, in dessen Bezirk der Beklagte seinen Wohnsitz hat.

Frage 10: Was ist unter „Allgemeine Geschäftsbedingungen“ (AGB) zu verstehen?
1 richtige Antwort

a) Es sind vorformulierte Vertragsbedingungen, die eine Vertragspartei der anderen Vertragspartei (dem Vertragspartner) bei Abschluss eines Vertrages stellt.
b) In den AGB werden die Gewährleistungsansprüche ausgeschlossen.
c) Die AGB brauchen von Privatpersonen nicht beachtet zu werden. Sie regeln Rechtsgeschäfte unter Kaufleuten.
d) In den AGB werden gesetzliche Rechte von Verbrauchern ausgeschlossen.

Situation zu den Fragen 11 - 15
Inga Mikomutz arbeitet in der Einkaufsabteilung des Möbelgroßhändlers Schellmers GmbH & Co. KG. Dort soll sie die Einkaufsleitung bei der Erstellung einer Ausschreibung unterstützen.

Frage 11: Was ist generell unter einer Ausschreibung zu verstehen?

Frage 12: Wo werden Ausschreibungen veröffentlicht?

Frage 13: Was ist der Unterschied zwischen einer offenen Ausschreibung und einer beschränkten Ausschreibung?

Frage 14: Nennen Sie 7 Angaben, die in einer Ausschreibung enthalten sein sollten.

Frage 15: Die Einkaufsabteilung entscheidet sich für ein Angebot der Firma Sonoton Stühle über die ausgeschriebenen 1200 stapelbaren Konferenzstühle zu einem Preis von 25,85 € das Stück. Da ein Kunde des Möbelgroßhändlers eine Bestellung storniert hat, werden statt 1200 Stühle nur 850 Stühle bestellt. Wie ist die Rechtslage?

Lösungen zu Fragenblock B 2

Frage 1: 27.01.

Frage 2: b

Frage 3:16.02.

Frage 4: d

Frage 5: a, c

Frage 6: 4,50 € (kein Rabatt, kein Skonto)

Frage 7:

	4,50 €
- 15 % Rabatt	0,68 €
	3,82 €
- 3 % Skonto	0,11 €
Preis pro Patrone	**3,71 €**

(Die Zwischenergebnisse wurden gerundet).

Frage 8:

Listeneinkaufspreis	168,00 €
- 30 % Lieferantenrabatt	50,40 €
Zieleinkaufspreis	117,60 €
- 3 % Lieferantenskonto	3,53 €
Bareinkaufspreis	114,07 €
+ Fracht	18,00 €
Bezugspreis	132,07 €

132,07 € : 40 Pack = **3,30 €**

Frage 9: a, d

Frage 10: a

Frage 11: Eine Ausschreibung ist die öffentliche oder eingeschränkte, schriftliche Aufforderung, Angebote für die in der Ausschreibung genannten Lieferungen oder Leistungen abzugeben.

Frage 12: Ausschreibungen werden in Amtsblättern, Zeitungen, Branchenzeitschriften, Fachzeitschriften und zunehmend online über spezielle Vergabeplattformen veröffentlicht.

Frage 13: Eine offene Ausschreibung steht allen Anbietern offen. Bei der beschränkten Ausschreibung wird die Anzahl der Bieter durch bestimmte Kriterien eingegrenzt.

Frage 14:

Inhalte einer Ausschreibung
Ausschreibungsgegenstand (mit genauer Beschreibung der ausgeschriebenen Artikel)
Möglichkeiten in der Ausführung (z. B. Farbe, Design)
Abgabetermin für das Angebot
Eventuelle Nachlässe (Rabatte)
Lieferzeit
Lieferbedingungen
Zahlungsbedingungen (Skonto)
Verpackung der Artikel
Zeitraum für die Gültigkeit des Angebots
Sicherheitsleistungen
Gerichtsstand / Erfüllungsort
…

Frage 15: Wird ein Angebot von der empfangenen Partei geändert, so kommt hierdurch kein Vertrag zustande. Es gilt als Ablehnung.

Die geänderte Annahme ist ein neues Angebot an die Firma, die das ursprüngliche Angebot unterbreitet hat.

B. Einkauf von Waren und Dienstleistungen 3

Situation zu den Fragen 1 - 3
Das Unternehmen Großhandel Milli GmbH hat seinen Sitz in Lübeck.
Sie erhalten per Post ein schriftliches Angebot der Firma Bürobedarf Müller GmbH & Co. KG mit Sitz in Hamburg für 6 neue Computermonitore.

Frage 1: Wie lange ist dieses Angebot gültig, wenn keine Frist genannt ist?

Frage 2: Wo ist der Erfüllungsort für die Lieferung, wenn dazu keine Angaben gemacht sind?

Frage 3: Was besagt der Begriff „Erfüllungsort" für Kaufleute?

Frage 4: Sie erhalten 2 Angebote, die vom Preis her fast gleich sind. Auch die Lieferungs- und Zahlungsbedingungen unterscheiden sich kaum. Nennen Sie 5 weitere Kriterien, die bei der Lieferantenauswahl zu berücksichtigen sind.

Frage 5: Ihnen liegt ein Angebot für 15 neue Regale vor:
Listeneinkaufspreis pro Regal: 208,00 €
Rabatt: 20 %
Skonto bei Zahlung innerhalb von 14 Tagen: 3 %
Fracht: 12,00 € pro Regal
Wie hoch ist der Bezugspreis pro Regal, wenn innerhalb von 7 Tagen gezahlt wird?

Situation zu den Fragen 6 - 7
Der Listeneinkaufspreis (ohne MwSt) für das E-Bike „Running 65T" beträgt 650,00 € bei Abnahme von 100 Stück. Vom Hersteller werden 15 % Rabatt und 2 % Skonto gewährt. Es fallen 1400,00 € Bezugskosten an. Es werden 100 E-Bikes bestellt.

Frage 6: Wie hoch ist der Bareinkaufspreis insgesamt?

Frage 7: Wie hoch ist der Einstandspreis für ein Fahrrad?

Frage 8: Wir erhalten ein Angebot unserer Hausspedition für eine Transportleistung.
Welcher Frachtbetrag (brutto) wird berechnet, wenn ein Nachlass von 10 % auf den Haustarif von 630,80 € (netto) vereinbart wurde?

Situation zu den Fragen 9 - 11
Die Nimetz Großhandel OHG mit 98 Mitarbeiter/-innen setzt vermehrt auf das Thema Nachhaltigkeit.

Frage 9: Was ist unter Nachhaltigkeit zu verstehen? 2 richtige Antworten

a) Nachhaltigkeit ist ein Handlungsprinzip zur Nutzung der Ressourcen.
b) Nachhaltigkeit bedeutet den Einsatz moderner Managementmethoden, um den Umsatz zu steigern.
c) Bei nachhaltigen Betrieben werden möglichst günstige Grundstoffe verwendet, um die Lohnbedingungen der Mitarbeiter/-innen zu verbessern.
d) Die natürlichen Regenerationsfähigkeiten der beteiligten Systeme (vor allem von Lebewesen und Ökosystemen) sollen gewährleistet werden.

Frage 10: Beurteilen Sie folgende Vorschläge.

1. Vermehrter Einkauf bei regionalen Zulieferern.	
2. Bezug von ausschließlich den günstigen Produkten für die Betriebskantine.	a) Nachhaltig
3. Vermehrter Einsatz von Mehrweggebinden.	
4. Kein Einkauf von Fair Trade Produkten.	b) Nicht nachhaltig
5. Solaranlage auf dem Dach zur eigenen Stromproduktion.	

Frage 11: In welcher Zeile sind nur erneuerbare Energien genannt? 1 richtige Antwort

a) Sonnenenergie, Steinkohle, Erdwärme
b) Biomasse, Erdwärme, Erdgas
c) Windenergie, Erdwärme, Wasserkraft
d) Erdöl, Wasserkraft, Uran

Frage 12:

Sie sehen an einem Produkt nebenstehendes Zeichen und fragen sich, was es damit auf sich hat.

Welche Aussagen sind richtig?
2 richtige Antworten

a) Der Blaue Engel steht für Produkte, die keine Schadstoffe enthalten.
b) Die so gekennzeichneten Produkte sind umweltfreundlicher als andere Produkte der jeweiligen Produktgruppe.
c) Der Blaue Engel ist ein Umweltzeichen.
d) Beim Blauen Engel handelt es sich um ein Entsorgungszeichen.

Frage 13: Welches Bestellverfahren wird durch untenstehende Grafik angezeigt? Nennen Sie Vorteile.

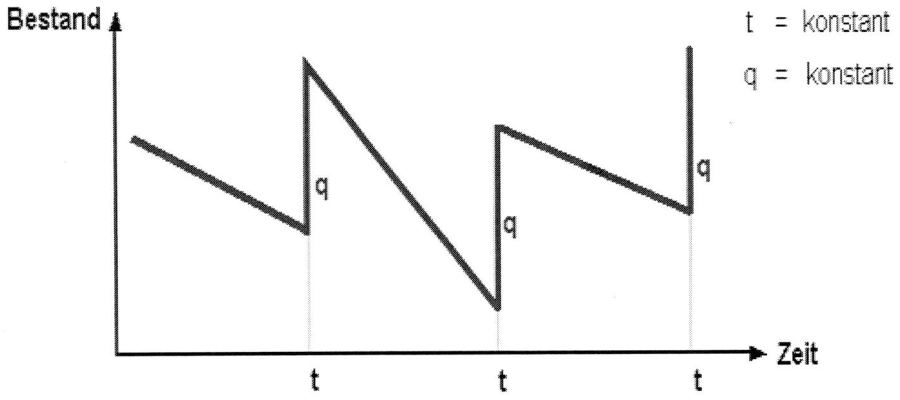

Situation zu den Fragen 14 - 15
Gülcan Yanuci ist für den Eingang und die Überprüfung von Auftragsbestätigungen zuständig.

Frage 14: Welche Aussagen zu einer Auftragsbestätigung treffen zu? 2 richtige Antworten

a) Eine Auftragsbestätigung dient zur Vermeidung von Missverständnissen.
b) Eine Auftragsbestätigung wird insbesondere dann erteilt, wenn ein vorangegangenes Angebot durch den Auftragnehmer abgeändert wurde.
c) Eine Auftragsbestätigung sollte, um unnötigen Aufwand zu vermeiden, mündlich erfolgen.
d) Wenn eine Auftragsbestätigung erteilt wird, ist sie rechtlich nicht bindend.

Frage 15: Nach einer Bestellung erhält Frau Yanuci eine Auftragsbestätigung. Dort bemerkt sie, dass bei der Bestellung ein Zahlendreher bei der Bestellmenge passiert ist. Wie ist die Rechtslage? 1 richtige Antwort

a) Die Bestellung ist wegen eines Übermittlungsirrtums nichtig.
b) Die Bestellung kann wegen eines Erklärungsirrtums angefochten werden.
c) Die Bestellung ist verbindlich.
d) Eine Bestellung ist erst nach Bestätigung der Auftragsbestätigung verbindlich.

Lösungen zu Fragenblock B 3

Frage 1: Das Angebot gilt so lange, wie unter normalen Umständen eine Antwort zu erwarten ist (ca. 1 Woche).

Frage 2: Der Erfüllungsort ist Hamburg (Warenschulden sind Holschulden).

Frage 3: Erfüllungsort ist der Ort, an dem der Schuldner seine Leistung erbringt.

Frage 4:

Qualität der Lieferung	Zuverlässigkeit	Garantieleistungen
Kulanz	Sales Promotion	„Ruf“ des Lieferanten

Frage 5:

Listeneinkaufspreis	208,00 €
- 20 % Lieferantenrabatt	41,60 €
Zieleinkaufspreis	166,40 €
- 3 % Lieferantenskonto	4,99 €
Bareinkaufspreis	161,41 €
+ Bezugskosten	12,00 €
Bezugspreis	**173,41 € pro Regal**

Frage 6 und 7:

Listeneinkaufspreis	65.000,00 €
- 15 % Lieferantenrabatt	9.750.00 €
Zieleinkaufspreis	55.250,00 €
- 2 % Lieferantenskonto	1.105,00 €
Bareinkaufspreis	54.145,00 €
+ Bezugskosten	1.400,00 €
Bezugspreis / Einstandspreis	55.545,00 €

Der Bareinkaufspreis gesamt beträgt **54.145,00 €**.

Der Einstandspreis pro E-Bike beträgt **555,45 €**.

Frage 8:

Haustarif	630,80 €
- 10 % Nachlass	63,08 €
Rechnungsbetrag netto	567,72 €
+ 19 % Umsatzsteuer	107,87 €
Rechnungsbetrag brutto	**675,59 €**

Frage 9: a, d

Frage 10: 1a, 2b, 3a, 4b, 5a

Frage 11: c

Frage 12: b, c

Frage 13: Die Grafik zeigt das Bestellrhythmusverfahren.

Vorteile:
✓ Niedriger Kontroll- und Planungsaufwand
✓ Sammelbestellungen werden vereinfacht und somit können Bestellkosten gespart werden.

Frage 14: a, b

Frage 15: b

C. Verkauf kundenorientiert planen und durchführen 1

Situation zu den Fragen 1 - 4
Der Fahrradgroßhändler Pedalo AG aus München erhält eine Anfrage von dem Fahrradfachgeschäft Top Bikes GmbH aus Hannover für 25 Kinderfahrräder.

Frage 1: Welche Arbeitsschritte erfolgen vor der Angebotserstellung?

Frage 2: Bei einem Neukunden soll eine Bonitätsprüfung erfolgen.
Was ist damit gemeint?

Frage 3: Nennen Sie 4 Möglichkeiten, die Bonität eines Neukunden zu prüfen.

Frage 4: Die Pedalo AG erstellt ein Angebot und schickt dieses per Briefpost zu.
Ist dieses Angebot rechtlich bindend? Wenn ja, wie lange?

Frage 5: Welche Aussagen zur Kreditwürdigkeit und Kreditfähigkeit sind richtig?
2 richtige Antworten

a) Unter Kreditfähigkeit versteht man die Fähigkeit einer natürlichen Person oder juristischen Person, rechtswirksam Kreditverträge abschließen zu können.
b) Natürliche Personen müssen mindestens 16 Jahre alt sein, um kreditfähig zu sein.
c) Kreditwürdig sind Personen und Unternehmen, von denen eine vertragsgemäße Erfüllung der Verpflichtungen und eine ordnungsgemäße Rückzahlung erwartet werden kann.
d) Die Kreditwürdigkeit kann dem Handelsregister entnommen werden.

Frage 6: Was wird bei der Lieferwilligkeit geprüft? 1 richtige Antwort

a) Es wird geprüft, ob genug Lagerbestand vorhanden ist.
b) Es wird geprüft, ob eine Lieferung zum gewünschten Termin möglich ist.
c) Es wird geprüft, ob durch den Auftrag ein Erfolg für das Unternehmen entsteht, z. B. durch einen Gewinn.
d) Es wird geprüft, ob Umweltstandards eingehalten werden.

Situation zu den Fragen 7 - 8
Sie werden beauftragt eine ABC-Analyse Ihrer Kunden durchzuführen.

Frage 7: Um die wichtigen Kunden herauszufinden, wird das Pareto Prinzip angewendet. Was besagt das Pareto Prinzip?

Frage 8: Erklären Sie kurz die verschiedenen Kundentypen nach der ABC-Analyse. Welche Bedeutung haben die A-Kunden?

Situation zu den Fragen 9 - 15
Innerhalb des letzten Jahres kam es vermehrt zu Computerproblemen. Sie sind damit beauftragt, Maßnahmen zur Datensicherheit und zum Datenschutz einzuleiten.

Frage 9: Nennen Sie 4 Maßnahmen, die zur Erhöhung der Datensicherheit beitragen.

Frage 10: Was ist eine Firewall?

Frage 11: Was ist ein Backup?

Frage 12: Ein großer Teil des E-Mail Verkehrs besteht aus Werbemails oder anderen nicht angeforderten Mitteilungen. Wie werden diese E-Mails genannt? Sollten Sie die Anlagen dieser E-Mails öffnen?

Frage 13: Welche Speichermedien eignen sich für die Datensicherung kleinerer und größerer Datenmengen?

Frage 14: Was ist unter Datenpflege zu verstehen? Nennen Sie verschiedene Maßnahmen.

Frage 15: Es werden Stammdaten und Bewegungsdaten unterschieden. Welches der Daten sind Stammdaten? 2 richtige Antworten

a) Kundennummer
b) Rechnungsnummer
c) Lieferdatum
d) Firmenadresse

Lösungen zu Fragenblock C 1

Frage 1:

✓ Auswertung der Kundenhistorie (z. B. Zahlungsmoral)
✓ Lieferfähigkeit prüfen (Sind die Fahrräder vorrätig oder können innerhalb der gewünschten Zeit produziert werden?).
✓ Bonität des Neukunden / Kunden prüfen.

Frage 2: Die Zahlungsfähigkeit (auch Zahlungswilligkeit) und die Kreditwürdigkeit des Kunden werden überprüft.

Frage 3:

- Schufa-Auskunft
- Wirtschaftsauskunfteien
- Bankauskunft bei der Hausbank
- Jahresabschluss bei Kapitalgesellschaften
- Selbstauskunft eines Neukunden

Frage 4: Ja, das Angebot ist bindend. Es ist so lange gültig, wie unter normalen Umständen eine Antwort zu erwarten ist (ca. 1 Woche).

Frage 5: a, c

Frage 6: c

Frage 7: 20 % der Kunden generieren 80 % vom Umsatz. Die verbleibenden 80 % der Kunden machen somit 20 % vom Umsatz aus. Das Pareto-Prinzip wird auch als 80/20 Regel bezeichnet.

Frage 8: Die Kunden werden in A, B und C Kunden eingeteilt.

A-Kunde: Wenige Kunden erzielen einen hohen Umsatzanteil, z. B. 20 % der Kunden sind für 80 % des Gesamtumsatzes verantwortlich.

B-Kunde: Eine Anzahl von Kunden erzielt einen mittleren Umsatz, z. B. 30 % der Kunden sind für 15 % des Gesamtumsatzes verantwortlich.

C-Kunde: Viele Kunden erzielen einen niedrigen Umsatzanteil, z. B. 50 % der Kunden sind für nur 5 % des Gesamtumsatzes verantwortlich.

Die A-Kunden haben einen hohen Umsatzanteil und sind somit besonders wichtig. Sie sollten deshalb besonders gut betreut werden, z. B. durch persönliche Ansprechpartner, zugeschnittene Preispolitik, Bonus-Programme, Werbegeschenke, … .

Frage 9:

✓ Verschlüsselung von Daten
✓ Verwendung von geeigneten Passwörtern
✓ Installierung einer Firewall
✓ Erstellung eines Virenschutzkonzeptes

Frage 10: Eine Firewall kann aus Hard- und Software bestehen und soll verhindern, dass Unberechtigte Zugriff (z. B. auf das Firmennetz) bekommen.

Frage 11: Ein Backup ist eine Sicherheitskopie der Originaldaten auf einem anderen Datenträger. Im Falle eines Datenverlustes können dadurch die Originaldaten wieder hergestellt werden.

Frage 12: Diese E-Mails werden auch Spam genannt. Die Anlagen sollten nicht geöffnet werden, da dort Computerviren enthalten sein könnten. Es sollte ein aktuelles Virenschutzprogramm installiert sein.

Frage 13:

Kleine Datenmengen: USB-Stick (auch gut für den Transport von Daten),
DVD (auch gut zur Archivierung von Daten)

Große Datenmengen: Server (z. B. Backup Server), externe Festplatte,
Cloud (Wichtig ist ein vertrauenswürdiger Partner.)

Frage 14: Unter Datenpflege ist das Überprüfen von Daten z. B. auf Fehler, Vollständigkeit und Aktualität zu verstehen. Nur so können auf Grundlage der Daten Mailings verschickt und richtige Entscheidungen getroffen werden.

<u>Maßnahmen:</u> Daten aktualisieren, fehlerhafte Daten entfernen, Datendoppelungen bereinigen.

Frage 15: a, d

C. Verkauf kundenorientiert planen und durchführen 2

Frage 1: Ordnen Sie die nachfolgenden Begriffe dem entsprechenden Bestandteil der Kalkulation zu.

1. Lagerkosten 2. Preisnachlass auf den Rechnungsbetrag bei Zahlung innerhalb einer bestimmten Frist. 3. Transportkosten zum eigenen Lager 4. Verwaltungskosten 5. Nachlass vom Listenpreis 6. Werbekosten 7. Zoll bei Import der Waren	a) Bezugskosten b) Handlungskosten c) Rabatt d) Skonto

Frage 2: Was ist eine Frankogrenze?

Frage 3: Eine Kollegin kauft ein Produkt im Wert von 95,00 €. Sie erhält einen Personalrabatt von 8 %. Wieviel € muss die Kollegin bezahlen?

Frage 4: Der Bezugspreis einer Ware ist 32,00 €. Wie hoch ist der Bruttoverkaufspreis inkl. 19 % USt.? Rechnen Sie mit 35 % Handlungskosten und 12 % Gewinn.

Frage 5: Der Wäschegroßhändler Nordtuch AG beauftragt die Spedition Komforttrans GmbH mit dem Transport von 2 Paletten à 412 kg und 2 Gitterboxen à 306 kg nach Köln. Auf den Haus-zu-Haus Tarif von 460,50 € werden 15 % Stammkundenrabatt gewährt. Für den Palettentausch werden pro Palette berechnet: Flachpalette: 3,20 € / Gitterboxpalette: 9,85 €

Ermitteln Sie den Rechnungsbetrag inkl. Umsatzsteuer.

Frage 6: Die Firma Horn Großhandel AG möchte zur Erweiterung ihrer Lagerkapazitäten das Nachbargrundstück erwerben. Das Grundstück ist 36 m breit und 42 m lang. Der Preis pro m^2 beträgt 48,50 €. Wie hoch ist der Kaufpreis?

Frage 7: Was ist unter einem „Mindermengenzuschlag“ zu verstehen?

Frage 8: Unterscheiden Sie Spediteur und Frachtführer beim Versenden von Gütern.

Frage 9: Welche Aufgaben hat der Lieferschein?

Situation zu den Fragen 10 - 12
Sie verkaufen einem Kunden Waren zum Preis von 880,00 € inkl. Umsatzsteuer. Der Kunde erhält eine ordnungsgemäße Rechnung.

Frage 10: Welche Angaben müssen auf der Rechnung vorhanden sein? Ordnen Sie entsprechend zu.

1. Name und Anschrift des Käufers	
2. Name und Anschrift des Verkäufers	
3. E-Mail oder Internetadresse	a) Pflichtangabe
4. Dank für den Kauf	
5. Steuernummer oder Umsatzsteuer-Identifikationsnummer des Verkäufers	
6. Unterschrift des Verkäufers / Unternehmers	b) Keine Pflichtangabe
7. Stempel des Unternehmens	
8. Menge und Bezeichnung des Produktes oder Art der Dienstleistung	

Frage 11: Ab wann muss die Umsatzsteuer als Euro Betrag ausgewiesen werden und nicht nur mit dem Prozentsatz? 1 richtige Antwort

a) Ab 100 € b) Ab 200 € c) Ab 250 € d) Ab 500 €

Frage 12: Wie hoch ist in diesem Fall die Umsatzsteuer (19 %) in €?

Situation zu den Fragen 13 - 15
Sie sind bei der Monomel Großhandel AG in der Versandabteilung und im Auslieferungslager eingesetzt.

Frage 13: Welches sind die Merkmale der „parallelen Kommissioniertechnik"?

Frage 14: Ordnen Sie die Beschreibung dem entsprechenden Arbeitsmittel zu.

1. Erstellung von Barcodes, die auf Packmittel geklebt werden.	a) Umreifungsgerät
2. Lesegerät für barcodierte Datenträger wie Etiketten	b) Werkzeuge
3. Zur Sicherung der Ladung von Paletten	c) Etikettiergerät
4. Mittels heißer Luft wird Folie geschrumpft.	d) Klebestreifengeber
5. Hammer, Zange, Schraubendreher	e) Scanner
6. Verarbeitung von Selbstklebebändern und Nasskleberollen	f) Handschrumpfgerät

Frage 15: Welche Zuordnung ist <u>falsch</u>? 1 richtige Antwort

a) Packgut - Produkt, das verpackt wird.
b) Packstück - Material, aus dem die Verpackung besteht.
c) Packmittel - Komponente, die den Hauptanteil der Verpackung darstellt, z. B. Karton.
d) Packhilfsmittel - Material, um das Packgut zu gestalten und zu verschließen.

Lösungen zu Fragenblock C 2

Frage 1: 1b, 2d, 3a, 4b, 5c, 6b, 7a

Frage 2: Die Frankogrenze ist die Abnahmemenge, ab welcher der Lieferant die Transportkosten übernimmt.

Frage 3:

100 % = 95,00 €
92 % = X

$$X = \frac{95{,}00\ € \times 92\ \%}{100\ \%} = \mathbf{87{,}40\ €}$$

Frage 4:

Bezugspreis	32,00 €
+ 35 % Handlungskosten	11,20 €
Selbstkostenpreis	43,20 €
+ 12 % Gewinn	5,18 €
Nettoverkaufspreis	48,38 €
+ 19 % Umsatzsteuer	9,19 €
Bruttoverkaufspreis	**57,57 €**

Frage 5:

Haus-zu-Haus Tarif:	460,50 €
- 15 % Rabatt	69,08 €
+ Tauschgebühr 2 Flachpaletten	6,40 €
+ Tauschgebühr 2 Gitterboxen	19,70 €
Rechnungsbetrag netto	417,52 €
+ 19 % Umsatzsteuer	79,33 €
Rechnungsbetrag brutto	**496,85 €**

Frage 6: 36 m x 42 m = 1512 m² 1512 m² x 48,50 € = **73.332,00 € Kaufpreis**

Frage 7: Ein Mindermengenzuschlag wird meist berechnet, wenn eine Mindestabnahmemenge nicht erreicht wird. Damit soll im Großhandel die Anzahl der Bestellungen von kleinen Mengen reduziert werden.

Frage 8: Ein **Spediteur** ist ein Dienstleistungsunternehmen, das die Versendung von Waren besorgt. Dieses umfasst hauptsächlich die Organisation der Beförderung. Er wählt das Beförderungsmittel und die ausführenden Unternehmen (Frachtführer) aus.

Der **Frachtführer** übernimmt den Transport (z. B. Deutsche Bahn, Deutsche Post, DHL, UPS).

Frage 9: Der Lieferschein begleitet die Anlieferung von Waren. Er enthält Angaben über den Lieferanten, Art und Menge der Ware (ohne Preise) und das Lieferdatum.
Für den Warenempfänger dient er zur Kontrolle der Lieferung. Der Lieferant lässt sich die ordnungsgemäße Lieferung auf dem Lieferschein bestätigen.

Frage 10: 1a, 2a, 3b, 4b, 5a, 6b, 7b, 8a

Frage 11: c

Frage 12: 119 % = 880,00 €
19 % = X

$$X = \frac{880{,}00\ € \times 19\ \%}{119\ \%}$$

X = 140,50 €

Frage 13:
✓ Ein Kundenauftrag wird in mehrere Aufträge nach Lagerzonen unterteilt.
✓ Mehrere Kommissionierer arbeiten an einem Auftrag.
✓ Am Ende werden die Teilaufträge zusammengeführt.

Frage 14: 1c, 2e, 3a, 4f, 5b, 6d

Frage 15: b

C. Verkauf kundenorientiert planen und durchführen 3

Situation zu den Fragen 1 - 5
Sie sind beauftragt, mit einem Kunden ein Beratungs- und Verkaufsgespräch zu führen.

Frage 1: Welche Anforderungen werden an Sie bezüglich Ihres Erscheinungsbildes und Ihres Verhaltens gestellt? Nennen Sie je 3 Anforderungen.

Frage 2: Nennen Sie 6 Regeln, die Sie besonders bei der Eröffnung des Gespräches berücksichtigen sollten.

Frage 3: Unterscheiden Sie offene und geschlossene Fragen und geben Sie je ein Beispiel.

Frage 4: Was sind Entscheidungs-, Kontroll- und Suggestivfragen? Geben Sie wiederum je ein Beispiel.

Frage 5: Was ist unter nonverbaler Kommunikation zu verstehen? Nennen Sie die Teilbereiche mit Beispiel.

Frage 6: Erklären Sie folgende Kommunikationstechniken.

Einwandvorwegnahme	Einwandumkehr	Relativierung	Polarisierung

Frage 7: Welches sind Beispiele für Gesprächsstörer? 2 richtige Antworten

a) Undeutliches oder leises Sprechen
b) Passende Betonung
c) Überredungsversuche
d) Nachfragen und Zustimmen

Frage 8: Welches sind Beispiele für Gesprächsförderer? 2 richtige Antworten

a) Sprechen Sie möglichst monoton.
b) Verwenden Sie nicht zu viele Fachbegriffe.
c) Legen Sie passende Pausen im Gespräch ein.
d) Sprechen Sie in möglichst langen Sätzen.

Frage 9: Welche Merkmale sprechen für ein „aktives Zuhören" bei einem Verkaufsgespräch? 2 richtige Antworten

a) Der Verkäufer widmet dem Kunden seine volle Aufmerksamkeit.
b) Der Verkäufer vermeidet Blickkontakt zum Kunden.
c) Der Verkäufer fasst das Gehörte zusammen.
d) Der Verkäufer lässt sich nicht unterbrechen.

Situation zu den Fragen 10 - 11
Bei einem Verhandlungsgespräch eines Kollegen sollen Sie auf die nonverbale Kommunikation achten.

Frage 10: Ordnen Sie die Beobachtungen entsprechend zu. Tragen Sie dazu die Kennziffer der Beobachtung in das Kästchen neben dem entsprechenden Fachbegriff ein.

Beobachtung	Fachbegriff
1. Hände in der Hosentasche	Mimik: ☐
2. Freundlicher Gesichtsausdruck	Gestik ☐
3. Schnelles Sprechen	Tonfall ☐

Frage 11: Welches wäre ein vermeidbarer Fehler im Bereich Gestik? 1 richtige Antwort

a) Kein Blickkontakt.
b) Mit offenen Armen auf den Kunden zugehen.
c) Hände vor der Brust verschränken.
d) Monotone Sprache.

Frage 12: Welche Grundsätze sind bei einer Verkaufsargumentation zu beachten?
2 richtige Antworten

a) Wählen Sie eine positive Ausdrucksweise.
b) Argumentieren Sie allgemein.
c) Argumentieren Sie mit vielen Fachbegriffen.
d) Argumentieren Sie kundenbezogen.

Frage 13: Welche Reihenfolge ist bei einer erfolgreichen Verkaufsargumentation richtig?
1 richtige Antwort

a) 1. Kundennutzen - 2. Warenvorteil - 3.Warenmerkmale
b) 1. Warenvorteil - 2. Warenmerkmale - 3. Kundennutzen
c) 1. Warenmerkmale - 2. Kundennutzen - 3. Warenvorteil
d) 1. Warenmerkmale - 2. Warenvorteil - 3. Kundennutzen

Frage 14: Ordnen Sie die Einwände zu. Tragen Sie dazu die Kennziffer der Aussage in das Kästchen neben dem entsprechenden Einwand ein.

Aussage	Art von Einwand	
1. Sie haben aber keine große Auswahl.	Einwand gegen die Ware	☐
2. Das gleiche Modell habe ich bei einem anderen Großhändler günstiger gesehen.	Einwand gegen das Geschäft	☐
3. Das Produkt sieht nicht hochwertig aus.	Einwand gegen den Verkäufer	☐
4. Haben Sie denn Erfahrungen mit Zubehör?	Einwand gegen den Preis	☐

Frage 15: Ein Kunde bemerkt im Verkaufsgespräch, dass das neue Radio sehr teuer sei. Der Verkäufer antwortet: „Ja, Sie haben Recht. Aber bedenken Sie, dass Sie durch das hochwertige Empfangsteil einen sehr guten Empfang auch in höheren Regionen haben".
Wie wird diese Methode der Einwandbehandlung genannt? 1 richtige Antwort

a) Bumerang-Methode
b) Offene-Gegenfrage-Methode
c) Ja-Aber-Methode
d) Vertagungsmethode

Lösungen zu Fragenblock C 3

Frage 1:

Erscheinungsbild	Verhalten
Gepflegtes Äußeres	Höflich
Ansprechende Kleidung und Schuhe	Interessiert und engagiert
Ordentliche Arbeitsunterlagen	Wertschätzung ausdrücken

Frage 2:

✓ Führen Sie das Gespräch nicht unter Zeitdruck.
✓ Schaffen Sie eine positive Gesprächsatmosphäre.
✓ Nehmen Sie Blickkontakt auf und stehen Sie gerade.
✓ Begrüßen Sie Ihren Gesprächspartner freundlich mit Namen.
✓ Hören Sie Ihrem Gesprächspartner aufmerksam zu.
✓ Sprechen Sie nicht monoton und betonen Sie Wichtiges (Stimmmodulation).
✓ Halten Sie einen angemessenen Abstand.
✓ Achten Sie auf Ihre und die Körpersprache Ihres Gegenübers.

Frage 3:

- Offene Frage: Sie lässt alle möglichen Antworten zu und liefert gute Informationen für den Verkäufer. Beispiel: „Wofür benötigen Sie dieses Produkt?"

- Geschlossene Frage: Sie ist durch eine kurze Antwort oder mit „Ja oder Nein" zu beantworten. Beispiel: „Soll dieses Gerät nur zum Ausdrucken von Geschäftsbriefen benutzt werden?"

Frage 4:

Entscheidungsfragen: Vom Gesprächspartner wird eine Entscheidung erwartet.
Beispiel: „Sollen wir das Gerät am Dienstag liefern?"

Kontrollfragen: Es wird kontrolliert, dass die vorherigen Gesprächspunkte verstanden wurden. Beispiel: „Habe ich Sie richtig verstanden, dass wir jetzt nur noch über die Skontovereinbarung reden?"

Suggestivfragen: Sie legt dem Käufer eine Antwort „in den Mund" und soll oft beeinflussen oder den Kauf beschleunigen. Beispiel: „Sie wollen doch ein günstiges und zuverlässiges Gerät kaufen?"

Frage 5: Nonverbale Kommunikation ist jegliche Kommunikation, die keine Worte benötigt.

Nonverbale Kommunikation - Beispiele	
Mimik:	Freundlicher Gesichtsausdruck, Blickkontakt halten.
Gestik:	Mit offenen Armen auf Kunden zugehen, Hände nicht vor der Brust verschränken, Hände nicht in die Hosentaschen stecken.
Körperhaltung:	Aufrechte, offene Körperhaltung
Abstand:	Persönliche Distanzzone wahren, Abstand ca. 1 bis 2 m

Frage 6:

Einwandvorwegnahme: Bevor ein Kunde die Nachteile des Produkts zur Sprache bringt, kommen Sie ihm einfach zuvor.

Einwandumkehr: Einwände des Kunden werden positiv dargestellt.

Relativierung: Das Argument des Kunden wird zu anderen (positiven) Argumenten in Relation gesetzt.

Polarisierung: Unterschiedliche Ansichten werden herausgestellt. Entweder stimmt man zu oder nicht.

Frage 7: a, c

Frage 8: b, c

Frage 9: a, c

Frage 10: 2 - 1 - 3

Frage 11: c

Frage 12: a, d

Frage 13: d

Frage 14: 3 - 1 - 4 - 2

Frage 15: c

C. Verkauf kundenorientiert planen und durchführen 4

Situation zu den Fragen 1 - 2
Die Firma Kater Tierfutter Großhandel AG überlegt, seinen Mitarbeitern die betrieblich notwendige Software online zur Verfügung zu stellen.

Frage 1: Was ist unter Onlineanwendung zu verstehen?

Frage 2: Stellen Sie Vor- und Nachteile von Onlineanwendungen gegenüber.

Frage 3: Was ist unter Kommissionierung zu verstehen?

Situation zu den Fragen 4 - 6
Sie erhalten ein Angebot von der Spedition Schäfer und Sohn für die Übernahme des Werkverkehrs. Die Spedition berechnet 4,20 € pro km.
Zurzeit werden folgende Kosten durch die eigenen Lkw verursacht:
- Fixe Kosten: 450.000,00 €
- Variable Kosten: 2,00 € pro km

Frage 4: Bei welcher Kilometerleistung sind die Kosten gleich?

Frage 5: Wie lautet der Fachbegriff für die Auslagerung von Dienstleistungen oder Betriebsteilen?

Frage 6: Welche Vorteile und Nachteile können sich aus der Auslagerung ergeben?

Frage 7: Die Norm DIN 5008 legt Schreib- und Gestaltungsregeln für Geschäftsbriefe fest. Welches sind die entsprechenden Regeln des Normbriefes für folgende Inhalte?

Größe in mm des Anschriftenfeldes	Betreff	Anrede	Datum (z. B. 26. Mai 20..)
Schrift Textbereich	Seitenränder	IBAN	Telefonnummer

Situation zu den Fragen 8 - 9
Sie haben den Auftrag eine E-Mail Anfrage zu beantworten.

Frage 8: Beim Schreiben einer E-Mail gibt es neben der „An“- und „Betreff“- Angabe auch die Felder „Cc“ und „Bcc“. Erklären Sie die Bedeutungen.

Frage 9: Was ist unter „Netiquette“ beim Erstellen und Versenden von E-Mails zu verstehen? Geben Sie 3 Beispiele.

Situation zu den Fragen 10 - 13
Sie arbeiten in der Vertriebsabteilung der Wolfsam Textil Großhandel GmbH und erhalten den Auftrag, auf eine Anfrage ein schriftliches Angebot zu erstellen.

Frage 10: Welche Aussagen zu Bezugszeichen in einem Angebot sind richtig?
2 richtige Antworten

a) Die Bezugszeichen gehören zu den Pflichtangaben bei Geschäftsbriefen.
b) Die Bezugszeichen erleichtern die Orientierung des Briefempfängers.
c) In den Bezugszeichen werden wichtige Informationen genannt, die sich auf den vorangegangenen Schriftwechsel beziehen.
d) Die Bezugszeichen werden am Ende des Briefes eingefügt.

Frage 11: Welche Angaben gehören zu den Pflichtangaben bei Geschäftsbriefen der Wolfsam Textil Großhandel GmbH? 2 richtige Antworten

a) Rechtsform der Gesellschaft
b) Registergericht des Sitzes der Gesellschaft und Handelsregisternummer
c) Ansprechpartner für Rückfragen zu dem Angebot.
d) Bankverbindung (IBAN)

Frage 12: Leider schwanken die Einkaufspreise zurzeit für die angefragten Produkte stark. Mit welcher Formulierung können Sie eine Preisbindung zielgerichtet einschränken?
1 richtige Antwort

a) Nur solange Vorrat reicht.
b) Die Gültigkeit des Angebots beträgt 2 Wochen.
c) Preis freibleibend.
d) Zahlbar 30 Tage netto ohne Abzug.

Frage 13: Welche Grundsätze sollten bei der Erstellung des Angebots beachtet werden?
2 richtige Antworten

a) Nennen Sie die wichtigsten Punkte zuerst.
b) Erstellen Sie das Angebot sehr ausführlich. Es sollte mindestens 2 Seiten betragen.
c) Stellen Sie Ihre Firma in den Mittelpunkt.
d) Bieten Sie eine direkte Kontaktmöglichkeit an.

Lösungen zu Fragenblock C 4

Frage 1: Die Computerprogramme sind nicht auf dem firmeneigenen Computer installiert. Sie werden über den Webserver des Anbieters abgerufen und auch dort gespeichert.

Frage 2:

Vorteile	Nachteile
Weltweiter Zugriff auf Dokumente.	Kein Zugriff bei Offline-Status.
Gemeinsames Bearbeiten von Dokumenten und Daten.	Datensicherheit kann problematisch werden.
Unkomplizierter PC-Wechsel und Updates der benutzten Programme.	Speicherplatz ist meist nicht kostenlos.
	Vertragliche Bindung an den Provider.

Frage 3: Kommissionierung ist das Zusammenstellen von Teilmengen (Artikeln) aus einer Gesamtmenge (Sortiment) aufgrund von Aufträgen.

Frage 4:

450.000 € + 2 x = 0 € + 4,2 x   / - 2 x
450.000 = 2,2 x   / : 2,2
204.545,45 = x   Bei **204.545,45** km sind die Kosten gleich.

(Mit 0 € sind die Fixkosten der Spedition Schäfer in der ersten Zeile dargestellt.)

Frage 5: Outsourcing

Frage 6:

Vorteile	Nachteile
Reduzierung von Kosten.	Abhängigkeit vom Dienstleister.
Konzentration auf Kernkompetenz.	Abgabe der Kontrolle.
Steigerung der Qualität (durch Expertenarbeit).	Probleme bei der Kommunikation sind möglich.
Zugriff auf Spezialisten.	Weitergabe von Kundendaten (sensible Daten).
Senkung des Risikos (z. B. bei Krisen).	

Frage 7:

Größe des Anschriftenfeldes: 40 x 85 mm (Dazu kommen 5 mm für die Absenderadresse oberhalb der Empfängeranschrift.)

Betreff: Die Betreffzeile wird fett gedruckt. Das Wort "Betreff" wird nicht ausgeschrieben.

Anrede: Erscheint 2 Leerzeilen nach dem Betreff. Danach erfolgt eine Leerzeile.

Datum: Internationale Schreibweise: 2023-05-26; 26.05.2023, 26. Mai 2023

Schrift Textbereich: Mindestens Schriftgröße 10 und gut lesbare Schriftarten (z. B. Arial Größe 11, Times New Roman Größe 12) verwenden.

Seitenränder: 2,5 cm vom linken Rand und mindestens 1 cm vom rechten Rand.

IBAN: 4er Gruppen und zum Schluss eine 2er Gruppe, z. B. DE25 1234 3421 4567 8910 12.

Telefonnummer: Vorwahl und Rufnummer durch Leerzeichen trennen, z. B. 04562 986543.

Frage 8:
Cc - **C**arbon **c**opy = Kopie an weitere Empfänger
Bcc - **B**lind **c**arbon **c**opy = Kopie an weitere Empfänger. Die E-Mail Adresse unter „Bcc" ist für die weiteren Empfänger nicht sichtbar.

Frage 9: Netiquette setzt sich aus dem englischen Wort für Netz (Net) und dem französischen etiquette (Etikette, Umgangsformen) zusammen. Es sind Verhaltensempfehlungen für eine angemessene und respektvolle Kommunikation im Internet.

Schreiben Sie eine aussagefähige Betreffzeile.	Vermeiden Sie lange E-Mails.
Fügen Sie eine Signatur bei.	Absätze erhöhen die Lesbarkeit.
Beachten Sie Rechtschreibregeln.	Keine unverlangten Anhänge versenden.

Frage 10: b, c

Frage 11: a, b

Frage 12: c

Frage 13: a, d

D. Arbeitsorganisation projekt- und teamorientiert planen und steuern 1

Situation zu den Fragen 1 - 3
Sie sind zurzeit bei der Metramo Großhandel GmbH & Co. KG für die Bearbeitung der Eingangspost und Ausgangspost zuständig.

Frage 1: Unterscheiden Sie die „Einfache Postvollmacht“ und die „Besondere Postvollmacht“.
2 richtige Antworten

a) Eine einfache Postvollmacht berechtigt zur Entgegennahme von gewöhnlichen Postsendungen.
b) Eine einfache Postvollmacht berechtigt nicht zur Entgegennahme von Postsendungen mit dem Zusatz „Persönlich / Vertraulich“ .
c) Eine Postvollmacht muss ins Handelsregister eingetragen werden.
d) Eine besondere Postvollmacht berechtigt zur Entgegennahme von Postsendungen mit dem Zusatz „Eigenhändig“ .

Frage 2: Wie schwer darf ein Großbrief höchstens sein? 1 richtige Antwort

a) 20 Gramm
b) 50 Gramm
c) 500 Gramm
d) 1000 Gramm

Frage 3: Welcher der eingehenden Briefe ist an die Abteilung Rechnungswesen weiterzuleiten?
1 richtige Antwort

a) Bewerbung eines Fachlageristen für die ausgeschriebene Stelle im Lager.
b) Mahnung eines Lieferanten.
c) Angebot auf eine Anfrage für eine neue Produktlinie.
d) Schreiben vom Finanzamt.

Frage 4: Sortieren Sie die Ordnungssysteme entsprechend zu.

1. Sortierung nach einer zeitlichen Reihenfolge, z. B. Geburtstagen.	a) Numerische Ordnung
2. Sortierung nach Nummern, z. B. Kontonummern.	b) Farbliche Ordnung
3. Sortierung nach dem Alphabet, z. B. nach Kundennamen.	c) Alphanumerische Ordnung
4. Kombination von alphabetischer und numerischer Ordnung, z. B. A-658. „A“ ist die Grobeinteilung, 658 steht für die Feineinteilung, z. B. Angebotsnummer.	d) Chronologische Ordnung
5. Sinnvolle Ergänzung, z. B. Lieferantenadressen im gelben Ordner.	e) Alphabetisches System

Situation zu den Fragen 5 - 7
Sie sind für die Betreuung der Auszubildenden des Betriebes zuständig.

Frage 5: Welche Maßnahmen wären zur Begrüßung der neuen Auszubildenden geeignet?

1. Erste Informationen zu den einzelnen Abteilungen des Betriebes geben. 2. Informationen zur Führung des Ausbildungsnachweises geben. 3. Vorstellung aller 60 Mitarbeiter/-innen des Betriebes. 4. Erste Arbeitsschritte zur Einarbeitung in der Berufsausbildung nennen.	a) Geeignet b) Nicht geeignet

Frage 6: Der Auszubildende Jakob kann Zusammenhänge nicht immer richtig erfassen. Darum soll er mit der Auszubildenden Laura bei einem Projekt zusammenarbeiten. Wie verhalten Sie sich als Ausbilder/-in beim "Selbstgesteuerten Lernen"? 1 richtige Antwort

a) Sie greifen sofort ein, wenn es zu Fehlern kommt.
b) Sie bereiten alles sehr sorgfältig und bis ins Detail geplant vor.
c) Sie stehen für Nachfragen bezüglich des Projektes nicht zur Verfügung.
d) Sie bereiten das Projekt entsprechend vor, damit es von den beiden selbständig erarbeitet werden kann.

Frage 7: Im Betrieb sollen auch die sozialen Kompetenzen der Auszubildenden gefördert werden. Was ist damit gemeint? 1 richtige Antwort

a) Die Auszubildenden sollen lernen, dass man z. B. bei der Urlaubsbesprechung auch Kompromisse eingehen muss.
b) Die Auszubildenden sollten ihre Ansichten auf jeden Fall durchsetzen.
c) Die Auszubildenden müssen analytisch denken lernen.
d) Die Belastbarkeit des Auszubildenden sollte im Rahmen der Ausbildung gesteigert werden.

Situation zu den Fragen 8 - 10
Bei der Nordheim Handels GmbH & Co. KG werden wichtige Entscheidungen nicht rechtzeitig getroffen. Dies führt zu Umsatzeinbußen.

Frage 8: Was ist unter Zeitmanagement zu verstehen? Erklären Sie.

Frage 9: Erläutern Sie folgende Instrumente des Zeitmanagements:

ABC-Analyse	Eisenhower-Prinzip	Pareto-Prinzip

Frage 10: Es wird überlegt, eine elektronische Terminplanung und Terminüberwachung einzuführen. Nennen Sie je 3 Vorteile und Nachteile bei einem Umstieg.

Situation zu den Fragen 11 - 15
Der Sportartikelgroßhändler „Supisport" in Berlin überlegt, ob er seine Sportartikel auch direkt an Endkunden verkaufen und dazu zwei Testgeschäfte eröffnen soll.

Frage 11: Um Ideen für die Verwirklichung zu sammeln, sollen Kreativitätstechniken angewendet werden. Was ist darunter zu verstehen?

Frage 12: Erläutern Sie kurz folgende Techniken:

Brainstorming	6-3-5 Methode	Mindmapping

Frage 13: Weitere Vorbereitungsarbeiten für die Testgeschäfte sollen in Teamarbeit erfolgen. Nennen Sie 6 Vorteile.

Frage 14: Der Kollege möchte anhand der Brainstorming-Ergebnisse die Vor- und Nachteile eines Testgeschäfts der Leitung erläutern. Nehmen Sie Stellung.

Frage 15: Zwischen 2 Gruppenteilnehmern kommt es zu einem Konflikt. Wie sollte sich der Teamleiter verhalten?

Lösungen zu Fragenblock D 1

Frage 1: a, d

Frage 2: c

Frage 3: b

Frage 4: 1d, 2a, 3e, 4c, 5b

Frage 5: 1a, 2a, 3b, 4a

Frage 6: d

Frage 7: a

Frage 8: Unter Zeitmanagement versteht man mehrere Vorgehensweisen, die dabei helfen sollen, anstehende Aufgaben und Termine innerhalb des zur Verfügung stehenden Zeitraums abzuarbeiten. Es wird zwischen persönlichem Zeitmanagement und Zeitwirtschaft unterschieden.

Frage 9:

ABC-Analyse: Die Aufgaben werden nach der Wichtigkeit gegliedert.
A: Sehr wichtige Aufgaben, die auch dringend sind (schnell bearbeiten).
B: Wichtige Aufgaben, die nicht so dringend sind. (Können diese Aufgaben delegiert werden?)
C: Nicht wichtige Aufgaben effizient abarbeiten.

Eisenhower-Prinzip: Die Einteilung erfolgt in 4 Kategorien nach Wichtigkeit und Dringlichkeit.
A: Die Aufgabe ist wichtig und dringend. (Sofort selbst erledigen.)
B: Die Aufgabe ist wichtig, aber nicht dringend. (Terminieren und selbst erledigen.)
C: Dringende Aufgabe, die nicht wichtig sind. (An Mitarbeiter delegieren.)
D: Nicht dringende Aufgaben, die auch nicht wichtig sind.

Pareto-Prinzip: 80 % der Ergebnisse lassen sich mit 20 % des Gesamtaufwandes erreichen. Die verbleibenden 20 % der Ergebnisse benötigen daher mit 80 % die meiste Arbeit.

Frage 10:

Vorteile	Nachteile
Einfache Terminpflege (z. B. Verschieben)	Datenverlust bei Soft- und Hardwarefehlern
Übersichtlich	Änderungen müssen synchronisiert werden.
Termine auch „unterwegs“ verfügbar.	Änderungen lassen sich nachträglich schwer rekonstruieren.
Passwortschutz möglich	

Frage 11: Kreativitätstechniken sind Methoden zur Förderung von Kreativität und gezieltem Erzeugen neuer Ideen, um Visionen zu entwickeln oder Probleme zu lösen.

Frage 12:

Brainstorming: Alle Teilnehmer sollen ohne jede Einschränkung Ideen produzieren und mit anderen Ideen kombinieren. Die Gruppe sollte in eine möglichst produktive und erfindungsreiche Stimmung versetzt werden. Geäußerte Vorschläge dürfen nicht kritisiert werden.
6-3-5 Methode: 6 Teilnehmer, 3 Ideen, 5x weiterreichen Ein Moderator erklärt den Teilnehmern (TN) das Ausgangsproblem, so dass alle TN im Bilde sind. Dann erhält jeder TN ein Arbeitspapier mit drei Spalten und 6 Zeilen. In einer vorgegebenen Zeit, z. B. 3 Minuten, schreibt jeder TN seine drei Ideen in die oberste Zeile. Nach drei Minuten wird der Zettel an den Sitznachbarn weitergereicht. Dieser schreibt nun seine Ideen in die darunter stehenden Zeile. Dabei sollen die bereits genannten Ideen aufgegriffen und ggf. weiterentwickelt werden. Nach weiteren 3 Minuten werden die Zettel weitergereicht, bis alle 6 Zeilen gefüllt sind. So entstehen in kürzester Zeit (18 Minuten) 108 Ideen (6x18).
Mindmapping: Erschließen und Visualisieren eines Themengebietes. Ideen / Gedanken sollen gesammelt und in Beziehung zueinander gesetzt werden. Dabei werden vom Hauptwort ausgehend „Äste" gezeichnet und mit einem Schlüsselwort / Überschrift versehen. Von den Hauptästen gehen wiederum Linien ab, die Unterkategorien bilden. So entsteht mit der Zeit eine Art „Gedankenlandschaft" oder „Gedankenbaum".

Frage 13:

✓ Die Kreativität wird gefördert.
✓ Zufriedenheit und Arbeitsmoral nimmt zu.
✓ Vorhandenes Wissen wird genutzt.
✓ Informationsfluss wird verbessert.
✓ Problemverständnis steigt, da Mitarbeiter die Hintergründe kennen.
✓ Gegenseitige Unterstützung wächst.
✓ Die Arbeitsatmosphäre verbessert sich.

Frage 14: Interesse der Leitung ist vermutlich nicht, dass der Verlauf des Prozesses, sondern das Ergebnis präsentiert wird. Daher bietet sich eher die sortierte Form des Brainstormings an: Die Mindmap. Alle Begriffe sind zum Thema (hier: Testgeschäft) übersichtlich zusammengefasst und gebündelt.

Frage 15: Der Teamleiter sollte keine Partei ergreifen und stattdessen beruhigend auf die streitenden Parteien einwirken. Nachdem er sich die verschiedenen Standpunkte angehört hat, sollte er eine Lösung finden. Diese kann auch aus einem Kompromiss bestehen. Evtl. kann auch noch ein Schlichter hinzugezogen werden.

D. Arbeitsorganisation projekt- und teamorientiert planen und steuern 2

Frage 1: Nennen Sie 4 Protokollarten mit ihren wesentlichen Merkmalen.

Situation zu den Fragen 2 - 5
In Ihrem Betrieb wird ein „Tag der offenen Tür" geplant. Die Planung dazu soll in Teamarbeit erfolgen.

Frage 2: Nennen Sie 5 Regeln für eine erfolgreiche Teamarbeit.

Frage 3: Es gibt verschiedene Ursachen, die für Konflikte sorgen können. Erklären Sie kurz.

Frage 4: Woran kann man Konflikte frühzeitig erkennen?

Frage 5: Erklären Sie im Zusammenhang mit Konflikten das Eisbergmodell.

Frage 6: Zur Vertiefung bestimmter Fortbildungsinhalte werden vermehrt „e-learning Kurse" angeboten. Welche Vorteile gibt es beim e-learning? 2 richtige Antworten

a) Es ist keine Selbstdisziplin notwendig.
b) Rückfragen können gut beantwortet werden.
c) Lernerfolgskontrollen sind oft inkludiert.
d) Die Kurse können meist zeitunabhängig bearbeitet werden.

Situation zu den Fragen 7 - 8
Eine Aufgabe wird in Teamarbeit erledigt.

Frage 7: Nach der Arbeit im Team soll es ein Feedback geben. Worauf ist zu achten? 2 richtige Antworten

a) Nur der Gruppenleiter oder ein erfahrener Mitarbeiter sollte das Feedback abgeben.
b) Das Feedback sollte sachlich vorgebracht werden.
c) Das Feedback sollte zeitnah vorgebracht werden.
d) Es sollten nur die Fehler / negativen Punkte angesprochen werden, da so der Lerneffekt am höchsten ist.

Frage 8: Welche Punkte sind vom Feedbacknehmer zu beachten? 2 richtige Antworten

a) Geben Sie eindeutig zu verstehen, ob und wann Sie ein Feedback wünschen.
b) Unterbrechen Sie den Feedbackgeber auch bei kleinen Unstimmigkeiten.
c) Brechen Sie das Feedback sofort ab, wenn Kritik geäußert wird.
d) Wenden Sie sich zu dem Feedbackgeber körperlich hin und hören aufmerksam zu.

Situation zu der Frage 9 - 10
Sie werden beauftragt, eine Besprechung zu organisieren.

Frage 9: Nennen Sie 10 Punkte, die Bestandteile einer Checkliste werden können.

Frage 10: Erstellen Sie eine entsprechende Checkliste.

Lösungen zu Fragenblock D 2

Frage 1:

Ergebnisprotokoll:	Kurzprotokoll mit Beschlüssen und Ergebnissen.
Wortprotokoll:	Umfangreich, da alle Wortbeiträge ungekürzt protokolliert werden.
Gedächtnisprotokoll:	Nachträglich werden die wichtigsten Eckpunkte festgehalten.
Verlaufsprotokoll:	Die wesentlichen Inhalte werden sinngemäß wiedergegeben.

Frage 2:

Das Team darf eine gewisse Größe nicht überschreiten (max. 10 Mitglieder).
Es muss ein klar verständliches Ziel geben.
Das Team muss die gemeinsame Verantwortung für die Aufgabe haben.
Jedes Teammitglied hält die Absprachen ein.
Jedes Teammitglied bringt sich konstruktiv und aktiv ein.
Kritik ist erwünscht und wird sachlich vorgebracht.
Aufgaben werden gerecht im Team verteilt.

Frage 3: Konflikte können dort entstehen, wo verschiedene Meinungen, Ansichten, Interessen und Werte aufeinandertreffen. Beispielsweise: Zwei Partner haben unterschiedliche Vorstellungen von Ordnung oder Pünktlichkeit (Wertekonflikt).

Frage 4: Konflikte lassen sich erkennen durch: Wiederholte Beschwerden, „schnippische" Antworten, erhöhten Krankenstand im Betrieb, Beharren auf die eigene Meinung (ohne auf Gegenargumente einzugehen), Misstrauen / Unterstellungen bestimmten Personen gegenüber, unvollständige Informationsweitergabe,… .

Frage 5: Ähnlich dem Pareto-Prinzip. Das Wesentliche eines Konfliktes geschieht unterhalb der Oberfläche (80%). Konkret: Durch Gefühle, zurückliegende Erfahrungen, Einstellungen, Misstrauen, Vorurteile, etc. werden die meisten Handlungsmotive unbewusst gesteuert.
Nur 20% der Konflikte sind „sichtbar" auf der Sach- bzw. Inhaltsebene (Daten, Fakten, Meinungen) zu finden.

Frage 6: c, d

Frage 7: b, c

Frage 8: a, d

Frage 9:

✓ Festlegen des Teilnehmerkreises (intern oder extern).
✓ Ort und Räumlichkeiten festlegen (intern oder extern).
✓ Tagesordnung festlegen (Beginn, Ende, Pausen, Zeitrahmen).
✓ Unterlagen zusammenstellen.
✓ Einladungen entwerfen (Thema der Besprechung, wo und wann).
✓ Einladung und weitere Unterlagen verschicken (E-mail, Post, Hauspost).
✓ Rückläufer der Einladung bearbeiten (Vollständigkeit, Nachfragen).
✓ Bewirtung / Catering organisieren (intern oder extern).
✓ Technik bereitstellen und auf Funktion überprüfen (Beamer, Laptop, Whiteboard…).
✓ Sitzplan erstellen (wenn nötig).
✓ Protokollant ernennen und Protokollart festlegen (Verlaufs- oder Ergebnisprotokoll).
✓ Feedbackbogen entwerfen.

Frage 10: **Checkliste - Besprechung**

- ☐ Festlegen des Teilnehmerkreises
  - Interne Teilnehmer
  - Teilnehmer außerhalb des Unternehmens
- ☐ Ort und Räumlichkeiten festlegen
  - intern
  - extern
- ☐ Tagesordnung festlegen (Beginn, Ende, Pausen, Zeitrahmen)
- ☐ Unterlagen zusammenstellen
- ☐ Einladungen entwerfen (Thema der Besprechung, Wo und Wann)
- ☐ Einladungen und weitere Unterlagen verschicken
  - Per Email
  - Per Post
  - Hauspost
- ☐ Rückläufer der Einladungen bearbeiten
  - Vollständiger Rücklauf
  - Nachfragen, wenn keine Rückmeldung erfolgt
- ☐ Bewirtung / Catering organisieren
  - Intern
  - extern
- ☐ Technik bereitstellen und auf Funktion überprüfen
  - Beamer
  - Laptop
  - Whiteboard
  - ……..
- ☐ Sitzplan erstellen (wenn nötig)
- ☐ Protokollant ernennen und Protokollart festlegen
  - Verlaufsprotokoll
  - Ergebnisprotokoll
- ☐ Feedbackbogen entwerfen

Paul Prüfling

D. Arbeitsorganisation projekt- und teamorientiert planen und steuern 3

Frage 1: Was ist der Unterschied zwischen innerbetrieblicher und außerbetrieblicher Kommunikation?

Frage 2: Geben Sie Beispiele für innerbetriebliche Texte.

Situation zu den Fragen 3 - 5
Sie werden beauftragt, eine Präsentation vorzubereiten.

Frage 3: Nennen Sie verschiedene Medien, die verwendet werden können und erläutern Sie kurz Vor- und Nachteile der jeweiligen Medien in tabellarischer Form.

Frage 4: Was ist bei der Vorbereitung einer Präsentation unter der „SIE-Analyse“ zu verstehen?

Frage 5: Aus welchen Bestandteilen besteht häufig die Einleitung einer Präsentation?

Frage 6: Ordnen Sie die geeignete Ausbildungsmethode entsprechend zu.

1) Die Aufstiegsmöglichkeiten im Betrieb aufzeigen.	a) Lehrgespräch
2) Kommunikation bei einem Beratungsgespräch verbessern.	b) Rollenspiel
3) Arbeitssicherheit im Betrieb.	c) Kurzvortrag
4) Die Auszubildenden sollen die Ausbildungsberufe des Betriebes bei der nächsten Herbstausstellung präsentieren.	d) Moderierte Besprechung

Situation zu den Fragen 7 - 8
Sie sollen eine Präsentation vor Geschäftskunden halten.

Frage 7: Was sollte vor einer Präsentation alles bedacht werden?

Frage 8: Ihr Kollege Felix Pfiffig soll die Sitzung moderieren. Was sind Aufgaben eines Moderators?

Frage 9: Sie möchten einen Beamer in Ihren Unterricht einbinden. Für welches Beispiel wäre er geeignet? 1 richtige Antwort

a) Sie möchten die Funktionsweise eines Dieselmotors erklären.
b) Sie arbeiten praktisch mit der Gruppe und möchten das Bedienen der Telefonanlage erklären.
c) Sie erklären mit einem Organigramm die Zusammenhänge einzelner Abteilungen im Betrieb.
d) Sie möchten den Zusammenhalt in der Gruppe stärken.

Frage 10: Was ist unter Mindmap-Methode zu verstehen? 1 richtige Antwort

a) Eine spezielle Technik zur Erschließung und visuellen Darstellung eines Themengebietes.
b) Eine darbietende Ausbildungsmethode
c) Ein anderer Ausdruck für „Brainstorming"
d) Ein Rollenspiel

Frage 11: Für welche Ausbildungsinhalte wäre ein Rollenspiel gut geeignet? 2 richtige Antworten

a) Aufbau einer Fertigungsstraße
b) Führen eines Verkaufsgespräches
c) Funktionsweise des Dieselmotors
d) Vorbereitung auf die mündliche Prüfung

Frage 12: Wie können Sie einen Kurzvortrag ansprechend gestalten? 3 richtige Antworten

a) Gestalten Sie die Einleitung interessant, z. B. mit besonderen Ereignissen zum Thema.
b) Benutzen Sie viele Fachwörter / Fremdwörter.
c) Rücken Sie zum Schluss noch mal die wichtigsten Punkte des Vortrags in den Vordergrund.
d) Seien Sie auf Fragen vorbereitet.

Frage 13: Wofür wird eine Adressatenanalyse benötigt? 2 richtige Antworten

a) Zur besseren Auswahl der Lehrmethoden.
b) Zur schnelleren Erledigung eines Vortrages.
c) Zur Festlegung und Beschreibung der Zielgruppe.
d) Zur Ermittlung der postalischen Adresse der Teilnehmer.

Situation zu den Fragen 14 - 15
Gloria Meller bereitet eine Präsentation vor. Sie fragt sich, ob sie die geplanten Bestandteile verwenden darf.

Frage 14: Welche Bestandteile wären urheberrechtlich geschützt? 2 richtige Antworten

a) Nennung von Rechtsvorschriften.
b) Einbau einer Skizze aus einem Fachbuch.
c) Einbau eines aus einem Videoportal kopierten Videoclips.
d) Bezug auf konkrete Fakten.

Frage 15: Welche Aussagen zum Urheberrecht sind richtig? 2 richtige Antworten

a) Der Urheber legt fest, wie mit seinen Werken umgegangen wird.
b) Das Urheberrecht gilt nur eingeschränkt für im Internet veröffentlichte Werke.
c) Das Urheberrecht gilt nicht bei betrieblichen Veranstaltungen im Bereich Fortbildung.
d) Das Urheberrecht verbietet die Nutzung eines urheberrechtlich geschützten Werkes ohne Erlaubnis des Urhebers.

Lösungen zu Fragenblock D 3

Frage 1:
Innerbetriebliche Kommunikation: Informationsfluss im Betrieb, z. B. zwischen Lager und Buchhaltung.

Außerbetriebliche Kommunikation: Informationsfluss zwischen Betrieb und Außenstehenden, z. B. Verkäufer spricht auf einer Messe mit einem Kunden.

Frage 2:

Kurzmitteilung	Rundschreiben	Interne Mitteilung
Notiz	E-Mail	Bericht
Aushang	Protokoll	Fragebogen

Frage 3:

	Vorteile	**Nachteile**
Flipchart	Einfache Handhabung Gute Interaktion möglich Gute Kontraste	Nicht für große Räume geeignet Begrenzte Fläche Papier ist relativ teuer
Beamer	Animierte Darstellungen möglich Große Projektionsfläche möglich Schneller Wechsel der Präsentation	Gute Verdunklungsmöglichkeit nötig Hoher Vorbereitungsaufwand Software- und Einstellungsprobleme
Kreidetafel	Einfache Handhabung Große Fläche (Korrekturmöglichkeit) Entschleunigung der Darstellung	Schwere Lesbarkeit bei kleiner Schrift Beim Schreiben kein Augenkontakt Verschmutzte Hände (Kreidekontakt)
Overhead-projektor	Kurze Aufbauzeit Aufbewahrung der Folien möglich Sichtkontakt während der Präsentation	Störendes Geräusch (Lüfter) Hoher Vorbereitungsaufwand (Folien) Nicht für komplexe Darstellungen
Whiteboard	Abwischbar, somit Korrektur möglich Als Magnetfläche geeignet Umweltverträglich	Spezialstifte notwendig Oft fest montiert Sicherung der Darstellung schwierig
Smartboard	Digitalisierung des Tafelbildes Einbindung von Inhalten (Notebook) Interessante Präsentation möglich	Hohe Anschaffungskosten Schreibfläche meist kleiner Kein Sichtkontakt beim Schreiben

Frage 4: Die **SIE-Analyse** besteht aus **S**ituation, **I**nteressen und **E**instellungen der Zuhörer.

Frage 5: Die Einleitung der Präsentation besteht häufig aus folgenden Bestandteilen:
✓ Begrüßung
✓ Vorstellung des Vortragenden
✓ Thema und Zielsetzung der Präsentation
✓ Gliederung / Ablauf
✓ Aufforderung zur Beteiligung

Frage 6: 1c, 2b, 3a, 4d

Frage 7:
- Was ist das Ziel der Präsentation?
- Vor welchem Publikum spreche ich?
- Wie viel Zeit steht mir zur Verfügung?
- Welche Technik / Räumlichkeiten stehen mir zur Verfügung?
- Funktionalität der Technik überprüfen. Kann ich mit der Technik umgehen?
- Sind die Folien übersichtlich gestaltet? Nicht zu überfrachtet? Auch von hinten gut lesbar?
- Im Vorfeld den Vortrag mehrfach einüben, laut durchsprechen, etc. Ist er zu lang? Gelingen die Übergänge? Wortwahl? Reicht meine Stimme aus oder brauche ich ein Mikrofon?

Frage 8: Als Moderator ist Felix nicht Teil der Gruppe, sondern neutral. Er begrüßt alle Teilnehmer/-innen und gibt einen Ausblick über den zeitlichen Rahmen und die Struktur des Tages. Er führt durch den Tag, benennt den zu bearbeitenden Themenkomplex, sorgt für eine kreative Atmosphäre, fördert Dynamiken und spricht evtl. Spannungen in der Gruppe an.

Ergebnisse werden von ihm gesammelt, gewichtet und sichtbar dargestellt (an Pinnwänden, Flipchart,…).

Am Ende der Sitzung werden die Ergebnisse von Felix zusammengefasst, evtl. eine to-do-Liste erstellt und der Arbeitsprozess reflektiert. Zum Abschluss sollte er die Sitzung nachbereiten und ein Protokoll erstellen.

Frage 9: c

Frage 10: a

Frage 11: b, d

Frage 12: a, c, d

Frage 13: a, c

Frage 14: b, c

Frage 15: a, d

Teil 2 der gestreckten Abschlussprüfung

I. Kaufmännische Steuerung von Geschäftsprozessen

A. Inventur

Frage 1: Was ist der Zweck der Inventur? 1 richtige Antwort

a) Sie ist eine wichtige Grundlage für den Jahresabschluss eines Unternehmens.
b) Sie gibt Aufschlüsse über die Höhe des Meldebestandes.
c) Sie entscheidet über die Konditionen bei Bankkrediten.
d) Sie wird benötigt um „Renner" im Sortiment auszumachen.

Frage 2: In welchem Zeitrahmen kann eine „verlegte Inventur" erfolgen? 1 richtige Antwort

a) Die Inventur kann innerhalb der letzten drei Monate vor oder innerhalb von 2 Monaten nach Ende des Geschäftsjahres vorgenommen werden.
b) Die Inventur kann innerhalb der letzten vier Monate vor oder innerhalb von 3 Monaten nach Ende des Geschäftsjahres vorgenommen werden.
c) Die Inventur kann innerhalb der letzten zwei Monate vor oder innerhalb von 3 Monaten nach Ende des Geschäftsjahres vorgenommen werden.
d) Die Inventur kann innerhalb der letzten vier Wochen vor oder innerhalb von 2 Wochen nach Ende des Geschäftsjahres vorgenommen werden.

Frage 3: Bringen Sie die Arbeitsschritte einer Inventur in die richtige Reihenfolge.

( ): Zählen, Messen, Wiegen

( ): Vornehmen von Bestandskorrekturen bei Inventurdifferenzen

( ): Erstellung der Inventurbelege

( ): Verteilung der Inventurbelege an die Mitarbeiter/-innen

( ): Speichern der Inventurergebnisse im Warenwirtschaftsprogramm

( ): Eintragung der Ergebnisse in die Inventurbelege

Frage 4: Welche Aussagen zur „permanenten Inventur" sind richtig? 2 richtige Antworten

a) Es erfolgt eine monatliche Inventur.
b) Es erfolgt eine Inventur pro Quartal.
c) Die Feststellung der Bestände erfolgt mit Hilfe der aktuellen Lagerbuchführung.
d) Die Bestände werden während des Jahres überprüft und mit den Sollbeständen verglichen.

Frage 5: Wie können Inventurdifferenzen vermieden werden? 2 richtige Antworten

a) Vermeidung von Diebstahl
b) Sorgfältige Erfassung der Wareneingänge
c) Verzicht auf mobile Datenerfassungsgeräte
d) Heraufsetzung des Mindestbestandes

Frage 6: Ordnen Sie die Begriffe richtig zu.

1. Ungleiche Behandlung von nicht realisierten Gewinnen und Verlusten.	a) Istbestand
	b) Buchbestand
2. Bei der Inventur ermittelter Bestand.	c) Mindestbestand
3. Zuerst angeschaffte Gegenstände werden zuerst verbraucht.	d) Fifo-Methode
	e) Imparitätsprinzip
4. Laut Buchhaltung vorhandener Bestand.	f) Lifo-Methode

Frage 7: Welche der Beispiele sind dem Anlagevermögen zuzuordnen? 2 richtige Antworten

a) Warenvorräte
b) Maschinen
c) Bankguthaben
d) Software

Frage 8: Die Anschaffungskosten für ein unbebautes Grundstück betrugen 220.000 €. Am Bilanzstichtag hat sich der Tageswert auf 150.000 € geändert. Es handelt sich um eine dauerhafte Wertminderung. Mit welchem Wert ist das Grundstück in der Bilanz auszuweisen? 1 richtige Antwort

a) 220.000 €
b) 150.000 €
c) 185.000 €
d) 210.000 €

Situation zu den Fragen 9 - 11
Eine Lagerkartei aus dem Bereich Vorräte hat folgende Eintragungen:

	Menge	Anschaffungskosten Stück	Anschaffungskosten gesamt
Anfangsbestand	400	8,00 €	3.200,00 €
Zugang	300	9,00 €	2.700,00 €
Zugang	600	7,00 €	4.200,00 €
Zugang	200	8,50 €	1.700,00 €

Endbestand am 31.12.: 500 Stück

Frage 9: Wie ist der Wert, wenn die „gewogene Durchschnittsbewertung" angewandt wird?

Frage 10: Wie ist der Wert nach dem „Lifo-Verfahren"?

Frage 11: Wie ist der Wert nach dem „Fifo-Verfahren"?

Frage 12: Welches Prinzip gilt bei der Bewertung von Schulden? 1 richtige Antwort

a) Niederstwertprinzip
b) Eingeschränktes Niederstwertprinzip
c) Anschaffungswertprinzip
d) Höchstwertprinzip

Lösungen zu Fragenblock A

Frage 1: a

Frage 2: a

Frage 3: Reihenfolge: 3-6-1-2-5-4
Erstellung der Inventurbelege; Verteilung der Inventurbelege an die Mitarbeiter/innen; Zählen, Messen, Wiegen; Eintragung der Ergebnisse in die Inventurbelege; Speichern der Inventurergebnisse im Warenwirtschaftsprogramm; Vornehmen von Bestandskorrekturen bei Inventurdifferenzen.

Frage 4: c, d

Frage 5: a, b

Frage 6: 1e, 2a, 3d, 4b

Frage 7: b, d

Frage 8: b

Frage 9:

	Menge	Anschaffungskosten Stück	Anschaffungskosten gesamt
Anfangsbestand	400	8,00 €	3.200,00 €
Zugang	300	9,00 €	2.700,00 €
Zugang	600	7,00 €	4.200,00 €
Zugang	200	8,50 €	1.700,00 €
Gesamt	1.500	7,87 €	11.800,00 €

500 Stück x 7,87 € = **3.935,00 €**

Frage 10: 400 Stück x 8,00 € = 3.200,00 €
100 Stück x 9,00 € = 900,00 €   3.200,00 € + 900,00 € = **4.100,00 €**

Frage 11: 200 Stück x 8,50 € = 1.700,00 €
300 Stück x 7,00 € = 2.100,00 €   1.700,00 € + 2.100,00 € = **3.800,00 €**

Frage 12: d

B. Buchungen typischer Geschäftsvorfälle vornehmen

Situation zu den Fragen 1 - 2
Wir verkaufen Erzeugnisse auf Ziel im Wert von 3.000,00 € (netto).

Frage 1: Wie lautet der Buchungssatz beim Warenverkauf?

Frage 2: Der Kunde teilt uns mit, dass es sich um eine Falschlieferung handelt und schickt die Waren zurück. Wie lautet der Buchungssatz bei der Rücksendung der Waren?

Frage 3: Ein Kunde bezahlt eine Rechnung in Höhe von 180,50 €. Er zieht 2 % Skonto ab. Wie lautet der Buchungssatz bei einer Bruttobuchung?

Frage 4: Wir senden Waren im Wert von 380,00 € (netto) an den Lieferanten zurück, da sie unbrauchbar waren.

Frage 5: Wir bezahlen eine Instandhaltungsreparatur in Höhe von 153,51 € (brutto) bar.

Frage 6: Wir kaufen einen neuen PC zum Preis von 1450,00 € (netto) auf Ziel.

Frage 7: Der neue PC aus Frage 6 wird innerhalb von 14 Tagen nach Rechnungserhalt per Banküberweisung bezahlt. Wir ziehen 3 % Skonto ab. Wie lautet die Nettobuchung?

Frage 8: Eine Mietzahlung in Höhe von 650,00 € geht auf unserem Bankkonto ein.

Frage 9: Die Firmeneigentümerin entnimmt sich Waren im Wert von 297,50 €.

Frage 10: Wir nehmen ein Darlehen in Höhe von 15.000,00 € bei der Sparkasse auf. Bearbeitungsgebühren fallen nicht an.

Situation zu den Fragen 11 - 12
Wir erhalten eine Lieferung von Waren im Wert von 4500,00 € netto. Zuzüglich werden 250,00 € netto für Leihverpackung in Rechnung gestellt.

Frage 11: Wie lautet der Buchungssatz bei Eingang der Rechnung?

Frage 12: Wie lautet die Buchung bei Rückgabe der Leihverpackung?

Frage 13: Ein Lieferant schickt uns aufgrund einer fehlerhaften Rechnung eine Gutschrift in Höhe von 29,75 € inkl. Umsatzsteuer.

Frage 14: Eine Lieferung wird per Express an einen Kunden frei zugestellt. Die Kosten betragen 52,00 € inkl. Umsatzsteuer und werden von einem Mitarbeiter bar bezahlt.

Frage 15: Ein Kunde erhält, wie vertraglich vereinbart, einen Bonus in Höhe von 245,00 € brutto.

Lösungen zu Fragenblock B

Frage 1:
Forderungen aus LL (3.570,00 €) an Warenverkauf (3.000,00 €)
Umsatzsteuer (570,00 €)

Frage 2:
Rücksendungen von Kunden (3.000,00 €)
Umsatzsteuer (570,00 €) an Forderungen aus LL (3.570,00 €)

Frage 3:
Kreditinstitute (176,89 €)
Kundenskonti (3,61 €) an Forderungen aus LL (180,50 €)

Frage 4:
Verbindlichkeiten aus LL (452,20 €) an Rücksendungen an L (380,00 €)
Vorsteuer (72,20 €)

Frage 5:
Instandhaltung (129,00 €)
Vorsteuer (24,51 €) an Kasse (153,51 €)

Frage 6:
Betriebs- und Geschäftsausstattung (1450,00 €)
Vorsteuer (275,50 €) an Verbindlichkeiten (1725,50 €)

Frage 7:
Verbindlichkeiten (1725,50 €) an Kreditinstitute (1673,73 €)
Liefererskonto (43,50 €)
Vorsteuer (8,27 €)

Frage 8:
Kreditinstitute (650,00 €) an Betriebsfremde Erträge (650,00 €)

Frage 9:
Privatentnahmen (297,50€) an Eigenverbrauch Waren (250,00 €)
Umsatzsteuer (47,50 €)

Frage 10:
Kreditinstitute (15.000,00 €) an Verbindlichkeiten gegenüber Kreditinstituten (15.000,00 €)

Frage 11:

Wareneingang (4500,00 €) Warenbezugskosten (250,00 €) Vorsteuer (902,50 €)	an	Verbindlichkeiten aus LL (5652,50 €)

Frage 12:

Verbindlichkeiten aus LL (297,50 €)	an	Warenbezugskosten (250,00 €) Vorsteuer (47,50 €)

Frage 13:

Verbindlichkeiten aus LL (29,75 €)	an	Nachlässe von Lieferern (25,00 €) Vorsteuer (4,75 €)

Frage 14:

Ausgangsfrachten (43,70 €) Vorsteuer (8,30 €)	an	Kasse (52,00 €)

Frage 15:

Kundenboni (205,88 €) Umsatzsteuer (39,12 €)	an	Forderungen (245,00 €)

C. Am Jahresabschluss mitwirken

Situation zu den Fragen 1 - 3
Ein Firmentransporter hat in der Anschaffung 32.000,00 € gekostet. Er wird am Jahresende mit 20 % abgeschrieben.

Frage 1: Wie wird diese Abschreibung genannt? 1 richtige Antwort

a) Degressive Abschreibung
b) Progressive Abschreibung
c) Lineare Abschreibung
d) Sonderabschreibung

Frage 2: Wie lautet der dazugehörige Buchungssatz?

Frage 3: Wie wirkt sich diese Abschreibung auf den Gewinn aus?

Frage 4: Wie entstehen „Stille Reserven" in der Bilanz? 2 richtige Antworten

a) Unterbewertung von Vermögen
b) Höherbewertung des Warenbestandes
c) Verlegung der Inventur
d) Überbewertung von Schulden

Situation zu den Fragen 5 - 6
Für einen Firmentransporter wird die Kfz-Steuer in Höhe von 1.020,00 € am 01.10. für die kommenden 12 Monate überwiesen.

Frage 5: Wie lautet die Buchung am 01.10.?

Frage 6: Wie lauten die Buchungen am 31.12. und am 01.01. des Folgejahres?

Frage 7: Wie wird eine Aufwendung für das alte Geschäftsjahr, deren Höhe wir noch nicht genau kennen, in der Bilanz ausgewiesen? 1 richtige Antwort

a) Aktive Rechnungsabgrenzung
b) Rückstellung
c) Passive Rechnungsabgrenzung
d) Sonstige Verbindlichkeiten

Frage 8: Wie lautet der Buchungssatz für den Abschluss des Gewinn- und Verlustkontos, wenn ein Gewinn von 32.000,00 € vorliegt?

Situation zu den Fragen 9 - 10
Einem Vertreter werden am 15. Februar Provisionen für die Vermittlung von Aufträgen in Höhe von 8.450,00 € überwiesen. Von diesem Betrag entfallen 3.150,00 € auf das vorherige Jahr. (Die Beträge verstehen sich zuzüglich Umsatzsteuer.)

Frage 9: Wie lautet der Buchungssatz am 31.12. des alten Jahres?

Frage 10: Wie lautet der Buchungssatz am 15.02. des neuen Jahres?

Frage 11: Es werden im betriebswirtschaftlichen Rechnungswesen Erfolgskonten und Bestandskonten unterschieden. Ordnen Sie die Aussagen entsprechend zu.

1. Der Anfangsbestand stimmt mit dem Schlussbestand des Kontos aus dem Vorjahr überein. 2. Das Konto hat keinen Anfangsbestand. 3. Das Konto wird über das Schlussbilanzkonto abgeschlossen. 4. Der Abschluss erfolgt über das GuV-Konto. 5. Sie werden als Unterkonten des Eigenkapitals bezeichnet.	a) Erfolgskonten b) Bestandskonten

Frage 12: Die Bilanz besteht aus der Aktivseite (Aktiva) und der Passivseite (Passiva). Auf welcher Seite können Sie jeweils die Mittelherkunft und Mittelverwendung entnehmen? 2 richtige Antworten

a) Die Mittelherkunft wird über die Passiva dargestellt.
b) Die Mittelverwendung wird über die Aktiva abgebildet.
c) Die Mittelherkunft wird über die Aktiva dargestellt.
d) Die Mittelverwendung wird über die Passiva abgebildet.

Frage 13: Ordnen Sie die Grundsätze ordnungsgemäßer Buchführung entsprechend zu.

1. Ein sachverständiger Dritter muss sich in der Buchführung in angemessener Zeit zurechtfinden und sich einen Überblick über die Geschäftsvorfälle und Vermögenslage verschaffen können. 2. Alle erforderlichen Aufzeichnungen müssen vollständig und richtig vorgenommen werden. 3. Jeder Buchung muss ein Nachweis zugrunde liegen. 4. Alle Buchungen sollen zeitnah und chronologisch erfasst werden.	a) Vollständigkeit b) Ordnungsmäßigkeit c) Belegprinzip d) Übersichtlichkeit und Klarheit

Situation zu den Fragen 14 - 15
Sie wirken am Jahresabschluss der Prima Handel GmbH mit.

Frage 14: Welche Bestandteile hat der Jahresabschluss einer GmbH? 2 richtige Antworten

a) Grundbucheintrag
b) Bilanz & Gewinn- und Verlustrechnung
c) Anhang
d) Eidesstattliche Versicherung

Frage 15: Wie lange muss die Prima Handel GmbH ihren Jahresabschluss aufbewahren? 1 richtige Antwort

a) 3 Jahre　　b) 6 Jahre　　c) 10 Jahre　　d) 12 Jahre

Lösungen zu Fragenblock C

Frage 1: c

Frage 2: Abschreibungen auf Sachanlagen (6400,00 €) an Fuhrpark (6400,00 €)

Frage 3: Die Abschreibung vermindert den Gewinn.

Frage 4: a, d

Frage 5: Kfz-Steuer (1.020,00 €) an Bank (1.020,00 €)

Frage 6:
Buchung am 31.12.:
Aktive Jahresabgrenzung (765,00 €) an Kfz-Steuer (765,00 €)

Buchung am 01.01.des Folgejahres:
Kfz-Steuer (765,00 €) an Aktive Jahresabgrenzung (765,00 €)

Frage 7: b

Frage 8: Gewinn- und Verlustkonto (32.000,00 €) an Eigenkapital (32.000,00 €)

Frage 9:
Buchung am 31.12.:
Provisionen (3.150,00 €) an Sonstige Verbindlichkeiten (3.150,00 €)

Frage 10:
Buchung am 15.02.:
Sonstige Verbindlichkeiten (3.150,00 €)
Provisionen (5.300,00 €)
Vorsteuer (1.605,50 €) an Bank (10.055,50 €)

Frage 11: 1b, 2a, 3b, 4a, 5a

Frage 12: a, b

Frage 13: 1d, 2a, 3c, 4b

Frage 14: b, c

Frage 15: c

D. Zahlungsverkehr, Kredite 1

Situation zu den Fragen 1 - 2
Nachfolgende Rechnung ist für Servicearbeiten bei einem Mitarbeiterfahrzeug eingetroffen.

Bohne Service GmbH

Bohne Service GmbH • Warmstr. 26 • 20018 Hamburg

Herrn
Roger Bremer
Musterstraße 007

20000 Hamburg

Ansprechpartner: Tiffy Bohne
Telefon: 040-112233-44
Fax: 040-112233-09
E-Mail: t.bohne@bohne.de
Internet: www.bohne.de

Datum: 10.05.20..

Servicearbeiten durchgeführt, Bremsen hinten erneuert
Rechnungsnummer: RB-5687287

Position / Artikel	Menge	Einzelpreis	Betrag in €	USt
1. Filter Innenraum LAD888 159040090019170016 Mahle Filter	1	21,90	21,90	19
2. Bremsflüssigkeit V9173008	1,000	8,60	8,60	19
3. Motoröl 5W30 Avia Dynetic LL V9176503	4,000	15,88	63,52	19
4. Ölfilter OC 977/1 15253433 Mahle	1	10,25	10,25	19
5. Bremsscheibe und Bremsbelege NBD52 V9173333	2	152,32	304,64	19
6. Arbeitswert Kl. 1 Allg. Instandsetzung V9171000 / 1 Aw = 1 Min	160	1,30	208,00	19

Netto: 616,91 €
19 % Umsatzsteuer: 117,21 €
Gesamtbetrag: 734,12 €

Zahlbar binnen 10 Tagen ab Rechnungsdatum mit 2% Skonto, ansonsten 30 Tage netto
...

Frage 1: Wie hoch ist der Überweisungsbetrag unter Ausnutzung der Skontoregelung?

Frage 2: Welche Aussagen zu den Zahlungsbedingungen sind richtig? 2 richtige Antworten

a) Die Skontofrist beginnt erst ab Eingang der Rechnung.
b) Die Bemessungsgrundlage für Skonto ist immer der Nettobetrag.
c) Bei Skonto handelt es sich um einen Preisnachlass (Belohnung) für eine schnelle Zahlung.
d) Die Rechnung ist innerhalb von 30 Tagen zu begleichen.

Frage 3: Es ist eine weitere Rechnung über den Betrag von 24.000,00 € eingegangen. Zahlungsbedingungen: Zahlbar sofort abzüglich 3 % Skonto oder in 30 Tagen netto Kasse. Um Skonto auszunutzen, muss ein Bankkredit zu einem Zinssatz von 10 % aufgenommen werden. Lohnt sich die Zahlung mit Skonto für den Betrieb?
(Rechnen Sie den Monat mit 30 Tagen.)

Frage 4: Für eine neue Maschine zum Kaufpreis von 132.000,00 € wird kurzfristig ein Kontokorrentkredit für die Zeit vom 12.04. - 15.05. aufgenommen. Die Bank berechnet für diesen Kredit 7,5 % Zinsen. Wie viel Zinsen sind zu zahlen?
(Rechnen Sie den Monat mit 30 Tagen.)

Frage 5: Uns wurde ein Lieferantendarlehen gewährt für den Zeitraum vom 28.01. bis 04.04., für das wir 145,26 € Zinsen bei einem Zinssatz von 8 % gezahlt haben.
Wie hoch war das Darlehen? (Rechnen Sie den Monat mit 30 Tagen.)

Frage 6: Für ein Sparguthaben von 15.000,00 € wurden 165,00 € Zinsen gezahlt. Der Zinssatz betrug 2,2 %. Wie lange wurde das Guthaben angelegt?

Frage 7: Ordnen Sie die genannten Verjährungsfristen entsprechend zu.

1. Allgemeine Verjährungsfrist, z. B. Forderung aus Kaufverträgen.	
2. Ansprüche, die im Rahmen eines Insolvenzverfahrens festgehalten wurden.	a) 1 Jahr
	b) 2 Jahre
3. Veräußerung einer gebrauchten Sache, falls verkürzte Verjährung vereinbart wurde.	c) 3 Jahre
4. Ansprüche aus Vollstreckungsbescheiden.	d) 30 Jahre
5. Ansprüche aus Kauf- und Werkverträgen (Gewährleistungsfrist).	

Situation zu den Fragen 8 - 11
Sie arbeiten in der Buchhaltung der Falke AG. Eine Rechnung an die Gerhard Müller Einzelhandel OHG über die Lieferung von 2 Verkaufsregalen zum Preis von 6.450,85 € (brutto) wurde am 07.04. dieses Jahres verschickt. Bei einer Kontoabfrage am 27.05. wurde keine Zahlung festgestellt.

Als Zahlungsbedingung wurde vereinbart: Zahlbar ab Rechnungserhalt binnen 7 Tagen unter Abzug von 3 % Skonto oder nach 21 Tagen netto Kasse.

Frage 8: Wann gerät die Gerhard Müller Einzelhandel OHG in Zahlungsverzug?
1 richtige Antwort

a) 7 Tage nach Rechnungserhalt.
b) 21 Tage nach Rechnungserhalt.
c) 30 Tage nach Rechnungserhalt.
d) Es ist grundsätzlich eine Mahnung erforderlich.

Frage 9: Welche Aussagen zum Lieferverzug sind richtig? 2 richtige Antworten

a) Ist der Liefertermin kalendermäßig festgelegt (z. B. 26.03.20..), kommt der Lieferant erst nach Empfang einer Mahnung in Verzug.
b) Ist der Liefertermin kalendermäßig festgelegt (z. B. 26.03.20..), kommt der Lieferant nach Überschreiten des Termins automatisch in Verzug.
c) Erklärt der Lieferant, dass er nicht liefern kann, kommt er ohne Mahnung in Verzug.
d) Erklärt der Lieferant, dass er nicht liefern kann, kommt er nicht in Verzug.

Frage 10: Welche Aussagen zum gerichtlichen Mahnverfahren sind richtig?
2 richtige Antworten

a) Zuständig ist das Gericht, in dessen Bezirk der Schuldner seinen Firmen- oder Wohnsitz hat.
b) Das gerichtliche Mahnverfahren wird durch den „Vollstreckungsbescheid" eingeleitet.
c) Das Gericht erlässt den Bescheid ohne Prüfung der Rechtmäßigkeit des Anspruches.
d) Nach Zustellung des Mahnbescheids kann der Schuldner innerhalb von 2 Wochen Widerspruch einlegen.

Frage 11: Sie erfahren, dass über die Firma Gerhard Müller Einzelhandel das Insolvenzverfahren eröffnet wurde. Welche Auswirkungen hat dies? 2 richtige Antworten.

a) Der Insolvenzverwalter übernimmt das Recht, über die Insolvenzmasse zu verfügen.
b) Der Betrieb der Firma Gerhard Müller Einzelhandel wurde eingestellt.
c) Zwangsvollstreckungen sind für die Dauer des Verfahrens nicht möglich.
d) Die Insolvenzgläubiger erhalten ihre offenen Forderungen zu mindestens 75 % erstattet.

Frage 12: Ordnen Sie die folgenden Kreditarten / Beschreibungen richtig zu.

1. Kontokorrentkredit	a) Kredit gegen Verpfändung von Werten des Umlaufvermögens.
2. Anuitätendarlehen	b) Der Lieferant gewährt eine Zielzahlung.
3. Lombardkredit	c) Überziehungskredit des Girokontos bis zu einem bestimmten Betrag.
4. Avalkredit	d) Die ausstehenden Forderungen an Kunden werden verkauft.
5. Factoring	e) Bei gleichen Rückzahlungsbeträgen steigt der Tilgungsanteil und der Zinsanteil sinkt.
6. Lieferantenkredit	f) Die Bank übernimmt eine Bürgschaft oder bietet eine Garantie für Leistungen beziehungsweise Zahlungen.

Situation zu den Fragen 13 - 14
Um eine Zahlungssicherheit zu gewährleisten, wird von der Nordwest Handels GmbH in einigen Fällen ein Eigentumsvorbehalt vereinbart.

Frage 13: Was bedeutet der Begriff Eigentumsvorbehalt im Geschäftsverkehr?
1 richtige Antwort

a) Der Käufer erhält sofort nach Vertragsabschluss das volle Eigentum an der Ware.
b) Der Verkäufer behält sich das Eigentum an der Ware vor, bis der Käufer alle Forderungen vollständig bezahlt hat.
c) Der Käufer kann das Eigentum an der Ware nur dann erwerben, wenn er einen speziellen Vertrag abschließt.
d) Der Verkäufer kann das Eigentum an der Ware zurückfordern, auch wenn der Käufer alle Forderungen vollständig bezahlt hat.

Frage 14: Welcher Eigentumsvorbehalt schließt auch Forderungen mit ein, die aus dem Weiterverkauf der Waren entstehen? 1 richtige Antwort

a) Einfacher Eigentumsvorbehalt
b) Erweiterter Eigentumsvorbehalt
c) Verlängerter Eigentumsvorbehalt
d) Ausfallbürgschaft

Frage 15: Der Geschäftsführer der Neustädter Großhandel GmbH bietet seiner Bank zur Absicherung eines Kredites ein bebautes Grundstück an. Welche Kreditsicherung kommt in Frage? 1 richtige Antwort

a) Grundschuld
b) Bürgschaft
c) Sicherungsübereignung
d) Avalkredit

Lösungen zu Fragenblock D

Frage 1:

Rechnungsbetrag	734,12 €
- 2 % Skonto	14,68 €
= Überweisungsbetrag	**719,44 €**

Frage 2: c, d

Frage 3:

Rechnungsbetrag	24.000,00 €
- 3 % Skonto	720,00 €
= Betrag	23.280,00 €

$$\text{Zinsen} = \frac{\text{Kapital x Zinssatz x Tage}}{100 \text{ x } 360} = \frac{23.280{,}00 \text{ x } 10 \text{ x } 30}{100 \text{ x } 360} = 194{,}00\ €$$

Skontoertrag	720,00 €
- Kosten Bankkredit	194,00 €
= Gewinn	**526,00 €**

Die Zahlung mit Skonto lohnt sich. Es werden 526,00 € gespart.

Frage 4:

$$\text{Zinsen} = \frac{\text{Kapital x Zinssatz x Tage}}{100 \text{ x } 360} = \frac{132.000{,}00\ € \text{ x } 7{,}5\ \% \text{ x } 33 \text{ Tage}}{100 \text{ x } 360} = \mathbf{907{,}50\ €}$$

Frage 5:

$$\text{Kapital} = \frac{\text{Zinsen x } 100 \text{ x } 360}{\text{Zinssatz x Tage}} = \frac{145{,}26\ € \text{ x } 100 \text{ x } 360}{8\ \% \text{ x } 66 \text{ Tage}} = \mathbf{9.904{,}09\ €}$$

Frage 6:

$$\text{Zeit} = \frac{\text{Zinsen x } 100 \text{ x } 360}{\text{Kapital x Zinssatz}} = \frac{165{,}00\ € \text{ x } 100 \text{ x } 360}{15.000{,}00\ € \text{ x } 2{,}2\ \%} = \mathbf{180 \text{ Tage}}$$

Frage 7: 1c, 2d, 3a, 4d, 5b

Frage 8: c

Frage 9: b, c

Frage 10: c, d

Frage 11: a, c

Frage 12: 1c, 2e, 3a, 4f, 5d, 6b

Frage 13: b

Frage 14: c

Frage 15: a

E. Zahlungsverkehr, Kredite 2

Frage 1: Welche Vorteile hat Factoring für das Unternehmen, dass die Forderung abtritt?
2 richtige Antworten

a) Verbesserter Kundenkontakt
b) Verbesserung der Liquidität
c) Kostenersparnis im Mahnbereich
d) Keine Kosten, da der Endkunde das Factoring-Unternehmen zusätzlich bezahlt.

Situation zu den Fragen 2 - 3
Die Daniel Stuhltal GmbH benötigt für einen neuen Außendienstmitarbeiter einen PKW.

Frage 2: Wie wären die Eigentumsverhältnisse bei einem geleasten PKW? 1 richtige Antwort

a) Die Leasingfirma bleibt Eigentümer des PKW.
b) Die Leasingfirma bleibt Besitzer des PKW.
c) Der Außendienstmitarbeiter ist Eigentümer und Besitzer des PKW.
d) Die Daniel Stuhltal GmbH ist Eigentümer und der Außendienstmitarbeiter Besitzer des PKW.

Frage 3: Welche Aussagen bei einer Finanzierung über Leasing sind richtig?
2 richtige Antworten

a) Der Leasingvertrag kann jederzeit von der Daniel Stuhltal GmbH gekündigt werden.
b) Die Liquidität wird geschont, da das Fahrzeug nicht gekauft werden muss.
c) Das Leasing-Fahrzeug geht nach Ende des Vertrages immer an die Leasing-Firma zurück.
d) Leasingraten sind steuerlich als Betriebsausgaben absetzbar.

Frage 4: Ordnen Sie die typischen Merkmale der entsprechenden Leasingform zu.

Beschreibung	Leasingform
1. Feste Grundleasingzeit ohne Kündigungsrecht über einen maßgeblichen Zeitraum der Nutzungsdauer.	a) Operate-Leasing
2. Sehr kurze Grundmietzeit, innerhalb der aber eine Vertragskündigung nicht gestattet ist.	b) Vollamortisations-leasing
3. Leasingvertrag direkt mit dem Hersteller oder aber einer wirtschaftlich vom Hersteller abhängigen Leasinggesellschaft.	c) Financial-Leasing
4. Die Kosten werden vollständig durch eine Sonderzahlung und die Leasingraten abgegolten.	d) Direktes Leasing

Situation zu den Fragen 5 - 6
Die Daniel Stuhltal GmbH erhält für den benötigten PKW auch ein Angebot über eine 3-Wege-Finanzierung.

Frage 5: Wie hoch sind die Gesamtkosten, wenn folgende Angaben zu berücksichtigen sind?

Listenpreis: 19.500,00 €	Rabatt auf den Listenpreis: 700,00 €	Anzahlung: 20 %
Laufzeit: 36 Monate	Schlussrate: 9250,00 €	35 Raten á 195,00 €

Frage 6: Welche Aussagen zu einer Sicherungsübereignung sind richtig? 2 richtige Antworten

a) Die Zulassungsbescheinigung II (Kfz-Brief) wird an die Bank übergeben.
b) Die Bank wird Besitzer des PKW.
c) Die Bank wird Eigentümer des PKW.
d) Nach Tilgung des Kredites wird die Daniel Stuhtal GmbH Besitzer des Fahrzeuges.

Frage 7: Ein Bürge verzichtet auf die Einrede der Vorausklage, das heißt, er kann in Anspruch genommen werden, ohne dass vom Hauptschuldner die Zahlungsunfähigkeit feststehen muss. Wie wird diese Bürgschaft genannt? 1 richtige Antwort

a) Einfache Bürgschaft
b) Ausfallbürgschaft
c) Selbstschuldnerische Bürgschaft
d) Bankbürgschaft

Situation zu den Fragen 8 - 10
Bei einem Neukunden soll die Bonität überprüft werden.

Frage 8: Ordnen Sie die Aussagen zur SCHUFA entsprechend zu.

1. Die Schufa erhebt selbst keine Daten.	
2. Es werden Daten zu Einkünften und Vermögen erfasst.	
3. Alle erfassten Daten werden für den Zeitraum von 3 Jahren gespeichert.	a) Richtig
4. Es werden Personendaten (Namen, Geburtsdatum, Anschrift, frühere Anschriften) erfasst.	
5. Die Schufa verlässt sich auf die Richtigkeit der gemeldeten Daten.	b) Falsch
6. Alle 6 Monate kann eine kostenlose Dateneinsicht von Privatpersonen angefordert werden.	

Frage 9: Welche Merkmale beeinflussen die Bonität allgemein positiv? 2 richtige Antworten

a) Pünktliche Zahlungen von Kreditraten
b) Viele Kleinkredite
c) Überzogene Konten
d) Langjährige Bankverbindung

Frage 10: Welche Gesellschaftsform gilt als besonders kreditwürdig? 1 richtige Antwort

a) GmbH
b) OHG
c) Einzelgesellschaft
d) Ltd.

Lösungen zu Fragenblock E

Frage 1: b, c

Frage 2: a

Frage 3: b, d

Frage 4: 1c, 2a, 3d, 4b

Frage 5:

Listenpreis:	19.500,00 €
- Rabatt	700,00 €
Fahrzeugpreis	18.800,00 €
Anzahlung (20 % von 18800,00 €)	3760,00 €
+ 35 Raten x 195,00 €	6825,00 €
+ Schlussrate	9250,00 €
Gesamtkosten	**19.835,00 €**

Frage 6: a, c

Frage 7: c

Frage 8: 1a, 2b, 3b, 4a, 5a, 6b

Frage 9: a, d

Frage 10: b

F. Kosten- und Leistungsrechnung

Frage 1: Welche Aussagen zur Kostenartenrechnung sind richtig? 2 richtige Antworten

a) Sie erfasst und gliedert die Kostenarten, die in einem Zeitraum anfallen.
b) Sie verteilt die Kosten auf die einzelnen Kostenträger.
c) Sie stellt die für eine Vorkalkulation notwendigen Daten zur Verfügung.
d) Sie verteilt die Kosten auf die einzelnen Kostenstellen.

Frage 2: Welche Aussagen zur Kostenträgerrechnung sind richtig? 2 richtige Antworten

a) Die Kostenträgerrechnung ist für Handelsbetriebe vorgeschrieben.
b) In der Kostenträgerrechnung wird festgestellt, für welches Produkt die Kosten entstanden sind.
c) Die Kostenträgerrechnung wandelt Fixkosten in variable Kosten um.
d) Die Kostenträgerrechnung baut auf der Kostenartenrechnung und Kostenstellenrechnung auf.

Frage 3: Welche Aufgaben hat die Kostenstellenrechnung? 2 richtige Antworten

a) Durch die Kostenstellenrechnung wird der Endpreis des Produktes kalkuliert.
b) Es werden die Kostenstellen auf das einzelne Produkt umgelegt.
c) Überwachung der Kosten in den einzelnen Betriebsabteilungen.
d) Verteilung der Kostenarten auf die Kostenstellen.

Frage 4: Erklären Sie den Unterschied zwischen Fixkosten, Einzelkosten und Gemeinkosten in der Kostenrechnung.

Situation zu den Fragen 5 - 6
Bei der Huber AG können Sie folgende Daten (Gemeinkosten) aus dem Betriebsabrechnungsbogen entnehmen:

Material:	175.000,00 €
Fertigung:	108.000,00 €
Verwaltung:	24.000,00 €
Vertrieb:	38.000,00 €

Frage 5: Berechnen Sie den Materialgemeinkostenzuschlag, wenn die Materialeinzelkosten 425.000,00 € betragen.

Frage 6: Berechnen Sie den Zuschlagssatz für die Fertigung, wenn im Bereich Fertigung Kosten in Höhe von 125.000,00 € angefallen sind.

Frage 7: Die Produktionsmenge sinkt aufgrund stagnierender Nachfrage. Wie wirkt sich das auf die Fixkosten aus? 1 richtige Antwort

a) Die Fixkosten steigen dem Verhältnis entsprechend.
b) Es gibt keine Auswirkungen auf die Fixkosten.
c) Die Fixkosten sinken, da weniger produziert wird.
d) Die Fixkosten steigen prozentual progressiv.

Situation zu den Fragen 8 - 10
Die Biber Outdoor GmbH stellt Funktionsbekleidung her. Zusätzlich werden hochwertige Rucksäcke eines Partnerunternehmens vertrieben.

Der Selbstkostenpreis laut Kalkulation für einen Rucksack beträgt 75,00 €.
Er wird für 125,00 € netto angeboten. Die variablen Kosten pro Stück betragen 12,00 €.
Der Bezugspreis ist 44,00 €. Als Entscheidungsgrundlage soll auch die Teilkostenrechnung berücksichtigt werden.

Frage 8: Berechnen Sie den Deckungsbeitrag pro Rucksack.

Frage 9: Wie hoch ist die kurzfristige Preisuntergrenze?

Frage 10: Wie hoch ist die langfristige Preisuntergrenze?

Situation zu den Fragen 11 - 13
Für einen Disponenten wird ein neues Notebook zum Preis von 900,00 € (netto) angeschafft. Die Nutzungszeit laut AfA-Tabelle beträgt 3 Jahre. Intern wird mit einer Nutzungsdauer von 5 Jahren und Wiederbeschaffungskosten von 1000,00 € gerechnet.

Frage 11: Welche Aussagen zur kalkulatorischen Abschreibung sind richtig?
2 richtige Antworten

a) Die Nutzungsdauer richtet sich nach den AfA-Tabellen.
b) Die Nutzungsdauer wird so realistisch wie möglich eingeschätzt.
c) Die kalkulatorische Abschreibung orientiert sich am Wiederbeschaffungswert.
d) Die Abschreibung erfolgt ausschließlich nach handelsrechtlichen und steuerrechtlichen Vorschriften.

Frage 12: Wie hoch ist die kalkulatorische Abschreibung im Anschaffungsjahr?

Frage 13: Wie hoch ist die bilanzielle Abschreibung?

Frage 14: Ordnen Sie die Begriffe entsprechend zu.

1. Spende an den örtlichen Förderverein Fußball e. V..	a) Zweckaufwendung
2. Gehalt für die Büromitarbeiter.	b) Neutrale Aufwendung
3. Eigene Wertpapiere werden mit Gewinn veräußert.	c) Neutraler Ertrag
4. Eine Immobilie im Bestand wird über Buchwert verkauft.	d) Zweckertrag

Frage 15: Welche der aufgeführten Kosten zählen zu den variablen Kosten?
2 richtige Antworten

a) Mietkosten
b) Planmäßige Abschreibung auf das Betriebsgebäude
c) Kosten für Büromaterial
d) Auszahlung der Überstunden aufgrund einer EDV-Umstellung

Lösungen zu Fragenblock F

Frage 1: a, c

Frage 2: b, d

Frage 3: c, d

Frage 4:
Fixkosten fallen unabhängig von der Produktionsmenge an. Sie fallen z. B. auch an, wenn gar nichts produziert wird.
Beispiele: Mieten und Pachten, Kreditkosten, Versicherungen, Grundsteuern

Einzelkosten sind Kosten, die einem Bezugsobjekt (z. B. Kostenträger) **direkt** zugeordnet werden können. Beispiel: Materialeinzelkosten

Gemeinkosten lassen sich einem Bezugsobjekt **nicht** direkt zuordnen.
Beispiele: Materialgemeinkosten, Gebäudekosten

Frage 5:

$$\text{Materialgemeinkostensatz} = \frac{\text{Materialgemeinkosten x 100}}{\text{Materialeinzelkosten}} = \frac{175.000{,}00\ € \text{ x } 100}{425.000{,}00\ €} = \mathbf{41{,}17647\ \%}$$

Frage 6:

$$\text{Fertigungsgemeinkostensatz} = \frac{\text{Fertigungsgemeinkosten x 100}}{\text{Fertigungslöhne}} = \frac{108.000{,}00\ € \text{ x } 100}{125.000{,}00\ €} = \mathbf{86{,}4\ \%}$$

Frage 7: b

Frage 8:

Nettoverkaufspreis	125,00 €
- Bezugspreis	44,00 €
- variable Handlungskosten	12,00 €
Deckungsbeitrag	**69,00 €**

Frage 9: Kurzfristige Preisuntergrenze = 44,00 € + 12,00 € = **56,00 €**
(Es werden nur die variablen Kosten gedeckt.)

Frage 10: Langfristige Preisuntergrenze = **75,00 €**
(Es werden alle Kosten gedeckt - fixe und variable Kosten. Ein Gewinn wird jedoch nicht erwirtschaftet.)

Frage 11: b, c

Frage 12: Wiederbeschaffungskosten : Interne Nutzungsdauer = Kalkulatorische Abschreibung

1000,00 € : 5 Jahre = **200,00 €**

Frage 13: Anschaffungskosten : Nutzungsdauer laut AfA-Tabelle = Bilanzielle Abschreibung

900,00 € : 3 Jahre = **300,00 €**

Frage 14: 1b, 2a, 3d, 4c

Frage 15: c, d

G. Controlling, Kennzahlen

Frage 1: Was ist unter Controlling zu verstehen?

Frage 2: Ordnen Sie die Controllinginstrumente entsprechend zu.

1. Vorgabe von Planzahlen (Sollzahlen) für eine kommende Zeitperiode.	a) Abweichungsanalyse
2. Gegenüberstellung der geplanten Soll-Werte mit den tatsächlich realisierten Ist-Werten. Bei einer Nichtübereinstimmung sollen die Ursachen gefunden werden.	b) Betriebsvergleich
3. Systematische Aufbereitung von wichtigen Zahlen, Daten und Informationen mit entsprechender (grafischer) Darstellung.	c) Berichtswesen
4. Vergleich von Unternehmensdaten innerhalb eines Unternehmens oder zwischen mehreren Unternehmen innerhalb desselben Wirtschaftszweiges.	d) Budgetierung

Situation zu den Fragen 3 - 5
Die Firma Hubert Kunststofftechnik AG weist folgende Bilanz aus:

Aktiva		**Passiva**	
Anlagevermögen		**Eigenkapital**	
Sachanlagen	120.000,00	Gezeichnetes Kapital	91.600,00
Finanzanlagen	18.000,00	Gewinnrücklage	7.500,00
Umlaufvermögen		**Fremdkapital**	
Vorräte	9.000,00	langfristige Verbindlichkeiten	72.000,00
Forderungen mittelfristig	15.000,00	kurzfristige Verbindlichkeiten	12.500,00
Forderungen kurzfristig LL	7.600,00		
Bank	14.000,00		
	183.600,00		183.600,00
	=========		=========

Frage 3: Wie hoch ist die Anlagenintensität?

Frage 4: Wie hoch ist die Eigenkapitalquote?

Frage 5: Berechnen Sie die Liquidität 1. Grades und 2. Grades.

Frage 6: Wie werden Kosten genannt, welche nicht mit realen Geldströmen übereinstimmen? Sie werden hinzugerechnet, um erwartete Gewinne und antizipierte Kosten bereits in der Produktkalkulation einfließen zu lassen. 1 richtige Antwort

a) Grundkosten
b) Kalkulatorische Kosten
c) Neutrale Aufwendungen
d) Deckungsbeitrag

Frage 7: Ergänzen Sie das Schema der nachfolgenden Deckungsbeitragsrechnung.

Umsatzerlöse
-
= Deckungsbeitrag I
-
= Deckungsbeitrag II
-
Deckungsbeitrag III = Betriebsgewinn

Situation zu den Fragen 8 - 10
Der Jahresabschluss der Firma Heizungsbau Müller GmbH enthält u. a. folgende Daten in €:

Anlagevermögen:	102.000
Umlaufvermögen:	79.200
Fremdkapital:	105.600
Umsatzerlöse:	140.400
Aufwand Material:	56.610
Personalkosten:	50.700
Zinsaufwendungen:	8.700

Frage 8: Berechnen Sie Gewinn und Eigenkapital.

Frage 9: Wie hoch ist die Eigenkapitalrentabilität?

Frage 10: Wie hoch ist die Umsatzrentabilität?

Frage 11: Was besagt die „Goldene Bilanzregel“? 2 richtige Antworten

a) Sie besagt, dass langfristiges Anlagevermögen auch langfristig finanziert werden sollte.
b) Sie besagt, dass kurzfristiges Anlagevermögen auch langfristig finanziert werden sollte.
c) Sie besagt, dass kurzfristiges Anlagevermögen auch kurzfristig finanziert werden sollte.
d) Sie besagt, dass Anlagevermögen mit Hypothekendarlehen abgesichert werden müssen.

Situation zu den Fragen 12 - 15
Aus der aktuellen Gewinn- und Verlustrechnung erhalten Sie nachfolgendes Zahlenmaterial:

Gewinn:	65.000,00 €
Umsatzerlöse:	720.000,00 €
Materialkosten:	122.000,00 €
Personalkosten:	105.000,00 €
Zinsaufwendungen:	8.500,00 €
Abschreibungen:	25.600,00 €
Rückstellungen, langfristig:	24.200,00 €
Eigenkapital:	300.000,00 €
Fremdkapital:	240.000,00 €

Frage 12: Berechnen Sie den Cashflow.

Frage 13: Wie hoch ist die Gesamtkapitalrentabilität?

Frage 14: Warum ist die Gesamtkapitalrentabilität eine wichtige Kennzahl für das Unternehmen?

Frage 15: Berechnen Sie die Umsatzrendite.

.

Lösungen zu Fragenblock G

Frage 1: Controlling bedeutet die ergebnisorientierte Steuerung, Planung und Kontrolle des Unternehmens.

Frage 2: 1d, 2a, 3c, 4b

Frage 3:

$$\text{Anlagenintensität} = \frac{\text{Gesamtes Anlagevermögen x 100 \%}}{\text{Gesamtvermögen}} = \frac{138.000{,}00\ \text{€ x 100 \%}}{183.600{,}00\ \text{€}} = \mathbf{75{,}16\ \%}$$

Frage 4:

$$\text{Eigenkapitalquote} = \frac{\text{Eigenkapital x 100 \%}}{\text{Gesamtkapital}} = \frac{99.100{,}00\ \text{€ x 100 \%}}{183.600{,}00\ \text{€}} = \mathbf{53{,}98\ \%}$$

Frage 5:

$$\text{Liquidität 1. Grades} = \frac{\text{Flüssige Mittel x 100 \%}}{\text{Kurzfristiges Fremdkapital}} = \frac{14.000{,}00\ \text{€ x 100 \%}}{12.500{,}00\ \text{€}} = \mathbf{112\ \%}$$

$$\text{Liquidität 2. Grades} = \frac{\text{(Kurz. Forderungen + Flüssige Mittel) x 100 \%}}{\text{Kurzfristiges Fremdkapital}} = \frac{21.600{,}00\ \text{€ x 100 \%}}{12.500{,}00\ \text{€}}$$

= 172,8 %

Frage 6: b

Frage 7:

Umsatzerlöse
- **variable Kosten**
= Deckungsbeitrag I
- **produktbezogene (bereichsbezogene) Fixkosten**
= Deckungsbeitrag II
- **unternehmenbezogene Fixkosten**
Deckungsbeitrag III = Betriebsgewinn

Frage 8:
Gewinn: 140.400 € – 56.610 € – 50.700 € – 8.700 € = **24.390 €**

Eigenkapital: 102.000 € + 79.200 € – 105.600 € = **75.600 €**

Frage 9:

$$\text{Eigenkapitalrentabilität} = \frac{\text{Gewinn x 100}}{\text{Eigenkapital}} = \frac{24.390\text{ € x }100}{75.600\text{ €}} = \mathbf{32{,}26\ \%}$$

Frage 10:

$$\text{Umsatzrentabilität} = \frac{\text{Gewinn x 100}}{\text{Umsatz}} = \frac{24.390\text{ x }100}{140.400} = \mathbf{17{,}37\ \%}$$

Frage 11: a, c

Frage 12:
Cashflow = Gewinn + Abschreibungen + Rückstellungen, langfristig
65.000,00 € + 25.600,00 € + 24.200,00 € = **114.800,00 €**

Frage 13:

$$\text{Gesamtkapitalrentabilität} = \frac{(\text{Gewinn + Zinsen Fremdkapital) x 100 \%}}{\text{Gesamtkapital}}$$

$$\text{Gesamtkapitalrentabilität} = \frac{(65.000{,}00\text{ € + }8.500{,}00\text{ €) x }100\ \%}{540.000{,}00\text{ €}} = \mathbf{13{,}61\ \%}$$

Frage 14: Die Gesamtkapitalrentabilität ist eine wichtige Kennzahl, weil der Gewinn in Relation zum eingesetzten Kapital gesetzt wird.

Frage 15:

$$\text{Umsatzrendite} = \frac{\text{Gewinn x 100}}{\text{Umsatz}} = \frac{65.000{,}00\text{ € x }100\ \%}{720.000{,}00\text{ €}} = \mathbf{9{,}03\ \%}$$

H. Arbeitsorganisation projekt- und teamorientiert planen und steuern

Situation zu den Fragen 1 - 2
Sie werden beauftragt die Verteilung der Arbeit in Ihrem Team zu organisieren.

Frage 1: Welche Aussagen zu Arbeitsgruppen sind richtig? 2 richtige Antworten

a) Die Gruppenarbeit fördert die Ausbildung von Teamfähigkeit (Schlüsselqualifikation).
b) Der Mitarbeiter mit dem besten Fachwissen sollte Gruppensprecher sein.
c) Durch Ausübung von Druck auf die Gruppe lässt die Leistung in der Regel nach.
d) Durch Ausübung von Druck auf die Gruppe lässt sich die Leistung steigern.

Frage 2: Welche Regel für eine erfolgreiche Teamarbeit sollten eingehalten werden?
1 richtige Antwort

a) Das Team sollte möglichst groß sein (min. 10 Personen).
b) Kritik ist nicht erwünscht.
c) Es dürfen sich nur die erfahrenen Teammitglieder zu Sachthemen äußern.
d) Aufgaben werden im Team gerecht verteilt.

Situation zu den Fragen 3 - 6
Der Betrieb Feinkostgroßhandel Vielfalt möchte in der Zukunft bestimmte Artikel immer nur für einen gewissen Zeitraum in sein Sortiment übernehmen. Dazu wünscht sich der Eigentümer Ideen aus seinem Unternehmen. Es wird eine Projektgruppe eingerichtet.

Frage 3: Was kennzeichnet ein Projekt? 2 richtige Antworten

a) Es ist zeitlich unbefristet.
b) Die Arbeit erfolgt im Team, zusammengesetzt aus verschiedenen Abteilungen.
c) Es hat kein spezielles Ziel.
d) Es verfügt über ein eigenes Budget.

Frage 4: Worauf sollte man bei der Besetzung der Projektgruppe achten? 2 richtige Antworten

a) Das Projektteam sollte interdisziplinär besetzt werden.
b) Die Kerngruppe sollte möglichst groß sein.
c) Fachkompetenz ist bei Projektgruppen nicht notwendig.
d) Bei Bedarf können andere Personen zeitlich begrenzt hinzugebeten werden.

Frage 5: Was sind Meilensteine in einem Projekt?

Frage 6: Es soll die SMART-Formel angewendet werden. Ergänzen Sie.

Deutsch	Englisch	Beschreibung
Spezifisch	Specific	Das Ziel wird nicht allgemein formuliert, sondern konkret.
	Measurable	
		Das Ziel soll ansprechend, erstrebenswert und auch erreichbar sein.
Realistisch	Reasonable	
Terminiert		

Frage 7: Was ist eine Mindmap? 1 richtige Antwort

a) Eine grafische Darstellung von Ideen und Informationen um Zusammenhänge und Verbindungen darzustellen.
b) Ein Protokoll, das bei Verhandlungen verwendet wird.
c) Eine Liste von Aufgaben, die erledigt werden müssen.
d) Ein Organigramm, das die Hierarchie eines Unternehmens zeigt.

Frage 8: Welche Aussagen zur Project Scorecard sind richtig? 2 richtige Antworten

a) Sie dient zur Steuerung von Einzelprojekten.
b) Sie zeigt den Fortschritt des Projektes in Form eines Balkendiagramms an.
c) Sie kann nur in der Planungsphase eines Projektes eingesetzt werden.
d) Sie verknüpft einzelne Projekte mit der übergeordneten Unternehmensstrategie.

Frage 9: Nach Beendigung eines Projektes wird überprüft, ob und in welchem Umfang das vorher festgelegte Ziel erreicht wurde. Wie lautet der Fachausdruck hierfür? 1 richtige Antwort

a) Projektsteuerung
b) Qualitätsplan
c) Projektevaluation
d) Projektdokumentation

Frage 10: Welche Phase umfasst die Klärung des Projektziels, die Identifizierung der Stakeholder und die Festlegung des Projektumfangs? 1 richtige Antwort

a) Definitionsphase
b) Planungsphase
c) Projektdurchführung
d) Abschlussphase

Situation zu den Fragen 11 - 13
Um einen Projektablauf darzustellen, soll ein Gantt-Diagramm erstellt werden.

Frage 11: In welcher Projektphase wird ein Gantt-Diagramm erstellt?

a) Definitionsphase
b) Planungsphase
c) Projektdurchführung
d) Abschlussphase

Frage 12: Welche Elemente werden in einem Gantt-Diagramm üblicherweise angezeigt.

1. Meilensteine	
2. Preise	
3. Unvorhersehbare Ereignisse	a) Werden angezeigt
4. Pufferzeiten	b) Werden nicht angezeigt
5. Optimaler Bestellzeitpunkt	
6. Start- und Enddatum	

Frage 13: Welche Aussage zum Gantt-Diagramm ist richtig? 1 richtige Antwort

a) Das Gantt-Diagramm eignet sich besonders für die Darstellung von sehr großen Projekten.
b) Kostengünstige Arbeitsschritte werden in einem Gantt-Diagramm durch einen kurzen Balken dargestellt.
c) Eine Überschneidung von Arbeitsschritten kann nicht dargestellt werden.
d) Es wird gezeigt, wer für eine bestimmte Aufgabe verantwortlich ist.

Frage 14: Was ist der Zweck der Dokumentation des Projektablaufs und der Projektergebnisse? 1 richtige Antwort

a) Sie dienen als Nachweis für den Kunden.
b) Sie ermöglicht es dem Projektteam, den Fortschritt und den Erfolg des Projekts zu verfolgen.
c) Sie ist nur für den Projektmanager relevant.
d) Sie dienen der Überwachung des Projektbudgets.

Lösungen zu Fragenblock H

Frage 1: a, c

Frage 2: d

Frage 3: b, d

Frage 4: a, d

Frage 5: Mit Meilensteine sind Teilziele gemeint. Sie markieren oft den Anfang oder das Ende eines Projektabschnitts und dienen der Kontrolle im Projektverlauf und des Projektfortschritts.

Frage 6:

Deutsch	Englisch	Beschreibung
Spezifisch	**S**pecific	Das Ziel wird nicht allgemein formuliert, sondern konkret.
Messbar	**M**easurable	Es soll erkennbar sein, wenn das Ziel erreicht ist (z. B. Senkung der Energiekosten um 15 %).
Aktivierend	**A**ctivating	Das Ziel soll ansprechend, erstrebenswert und auch erreichbar sein.
Realistisch	**R**easonable	Das Ziel muss realistisch sein.
Terminiert	**T**ime-bound	Das Ziel muss bis zu einem bestimmten Termin (Datum) erreicht sein.

Frage 7: a

Frage 8: a, d

Frage 9: c

Frage 10: a

Frage 11: b

Frage 12: 1a, 2b, 3b, 4a, 5b, 6a

Frage 13: d

Frage 14: b

II. Prozessorientierte Beschaffungslogistik planen und steuern

A. Handelsspezifische Beschaffungslogistik planen und steuern

Situation für die Fragen 1 - 4
Sie sind bei der Junge Großhandel AG für die Beschaffungslogistik zuständig. Es ist im Gespräch „Just in time / Just in sequence Verfahren" einzuführen.

Frage 1: Was unterscheidet beide Verfahren voneinander?

Frage 2: Nennen Sie drei gemeinsame Vor- und Nachteile dieser beiden Verfahren.

Frage 3: Berechnen Sie die optimale Bestellmenge, wenn folgende Daten zur Verfügung stehen:

- Jahresbedarf: 25000 Stück
- Lagerhaltungskosten: 15 %
- Kosten pro Bestellung: 75,00 €
- Kaufpreis: 4,50 €

Frage 4: Wie würde sich eine Erhöhung der Kosten pro Bestellung auf die optimale Bestellmenge auswirken?

Frage 5: Erläutern Sie nachfolgende Begriffe:
- Supply-Chain-Management
- Total-Quality-Management (TQM)
- E-Procurement
- Efficient Consumer Response
- Elektronic Data Interchange (EDI)

Frage 6: Nennen Sie Kriterien zur Auswahl der geeigneten Güterbeförderung.

Situation zu den Fragen 7 - 9
Sie sind bei der Südost Handel GmbH angestellt und verantwortlich für die Abwicklung von Warensendungen. Ihre Zuständigkeit umfasst auch die Erstellung von Frachtverträgen und Speditionsaufträgen.

Frage 7: Was ist der Unterschied zwischen einem Frachtvertrag und einem Speditionsauftrag?

Frage 8: Ein Kunde hat eine Bestellung aufgegeben, die direkt vom Hersteller zum Kunden geliefert werden soll. Was ist unter einem Streckengeschäft zu verstehen?

Frage 9: Was sind die Vorteile und Herausforderungen eines Streckengeschäfts?

Situation zu den Fragen 10 - 11

Die Besserschreib Großhandel GmbH vertreibt Kugelschreiber. Sie werden beauftragt, eine ABC-Analyse des Sortiments durchzuführen, um Abläufe zu optimieren.

Wertanteil	Kategorie
ca. 70 %	A-Güter
ca. 20 %	B-Güter
ca. 10 %	C-Güter

Ihnen werden folgende Daten mitgeteilt:

Modell	Verkaufszahlen	Preis in € pro Stück
1	120.000	0,35
2	3.000	45,00
3	52.000	0,04
4	6.580	14,75
5	4.200	0,12
6	12.500	8,75
7	23.800	2,15
8	85.000	0,62
9	52.000	0,12
10	35.000	0,30

Frage 10: Wenden Sie die ABC-Analyse an und unterteilen Sie die Modelle entsprechend.

Frage 11: Welche Aussage zu den Produkten der Kategorie A lässt sich machen?

Situation zu den Fragen 12 - 13

Bei der Sobana Sportartikel GmbH stellt sich die Frage, ob das Lager vergrößert werden soll.

Frage 12: Unterscheiden Sie zentrale Lager und dezentrale Lager und nennen Sie je 3 Vorteile.

Frage 13: Welche Vorteile hat die Nutzung eines Fremdlagers?

Situation zu den Fragen 14 - 15

Eine Lieferung ist von Lübeck nach Nürnberg zu transportieren. Die Strecke beträgt 668 km, davon 655 km Autobahn.

Frage 14: Berechnen Sie den Km-Satz und den Tagessatz des LKW aus folgenden Angaben:
- Kilometerabhängige Kosten eines Jahres: 64.800,00 €
- Jahreskilometerleistung: 90.000 km
- Zeitabhängige Fahrzeugkosten: 83.200,00 €
- Einsatztage pro Jahr: 260 Tage

Sie erhalten ein Angebot eines Frachtführers in Höhe von 960,00 €. Sollten Sie den Auftrag an den externen Frachtführer geben oder selber ausführen?

Frage 15: Nennen Sie 3 Vorteile und 3 Nachteile der werkseigenen Beförderung.

Lösungen zu Fragenblock A

Frage 1: Zusätzlich zur zeitgenauen Anlieferung (JIT) wird bei JIS auch sequenzgerecht geliefert, das heißt in exakt der Reihenfolge, in welcher Teile oder Baugruppen schließlich in der Montage beim Kunden verbaut werden.

Frage 2:

Vorteile	Nachteile
Kostensenkung (Personal-, Verwaltungs- und Lagerkosten)	Abhängigkeit vom Zulieferungsunternehmen
Risiko der Güter liegt bei den Lieferanten.	Umweltbelastung durch Transportwege
Kosteneinsparung durch Bestellung großer Mengen	Kosten durch Vernetzung des Unternehmens
Erhöhte Liquidität (wenig Kapital wird durch Lager gebunden)	Langfristige Bindung an Lieferanten

Frage 3: Optimale Bestellmenge

$$\sqrt{\frac{200 \text{ x Jahresbedarf x Bestellkosten}}{\text{Einstandspreis x Lagerhaltungskostensatz}}}$$

$$\sqrt{\frac{200 \text{ x } 25000 \text{ Stück x } 75{,}00 \text{ €}}{4{,}50 \text{ € x } 15 \text{ \%}}} = 2357{,}0225 = \mathbf{2357 \text{ Stück}}$$

Frage 4: Die optimale Bestellmenge würde sich erhöhen.

Frage 5:

Supply-Chain-Management: Bezeichnet die Planung und das Management aller Aufgaben bei Lieferantenwahl, Beschaffung und Umwandlung sowie aller Aufgaben der Logistik. Insbesondere enthält es die Koordinierung und Zusammenarbeit der beteiligten Partner (Wertschöpfungskette).
Total-Quality-Management (TQM): Durchgängige, fortwährende und alle Bereiche einer Unternehmung erfassende, aufzeichnende, sichtende, organisierende und kontrollierende Tätigkeit, die dazu dient, Qualität als Systemziel einzuführen und dauerhaft zu garantieren.
E-Procurement: Elektronische Beschaffung von Gütern und Dienstleistungen unter Nutzung des Internets sowie anderer elektronischer Informations- und Kommunikationssysteme (automatische Bestellung, Tracking, Rechnungsabwicklung …) .
Efficient Consumer Response (auch ECR-Konzept)**:** Initiative zur Zusammenarbeit zwischen Herstellern und Händlern, die auf Kostenreduktion und bessere Befriedigung von Konsumentenbedürfnissen abzielt.
Electronic Data Interchange (EDI): Elektronischer Datenaustausch (z. B. Bestellungen, Rechnungen, Lieferschein) im eigenen Unternehmen und / oder mit anderen Unternehmen wie Lieferanten, Transporteuren. Der Austausch soll einfach, sicher und automatisch erfolgen. Damit das funktioniert, gelten Normen, die je nach Branche variieren können.

Frage 6:

Warenart	Transportdauer	Zuverlässigkeit / Transportsicherheit
Kosten	Vertragliche Vereinbarungen	Umweltbelastungen / Nachhaltigkeit

Frage 7: Ein **Frachtvertrag** ist eine Vereinbarung zwischen einem Absender und einem Frachtführer, in der die Bedingungen für den Transport einer Ware festgelegt werden. Der Frachtführer verpflichtet sich dabei, die Ware von einem Ort zum anderen zu transportieren.

Ein **Speditionsauftrag** hingegen ist eine Vereinbarung zwischen einem Absender (oder Empfänger) und einem Spediteur. Der Spediteur übernimmt nicht selbst den Transport, sondern organisiert diesen lediglich. Er kann verschiedene Frachtführer beauftragen, um die Ware vom Absender zum Empfänger zu bringen.

Frage 8: Ein Streckengeschäft ist eine Form des Geschäfts, bei dem die Ware direkt vom Hersteller zum Kunden gesendet wird, ohne dass sie physisch durch das Lager des Verkäufers geht.

Frage 9: Vorteile des Streckengeschäfts sind, dass es Lager- und Transportkosten spart und oft eine schnellere Lieferung ermöglicht. Eine Herausforderung besteht darin, dass die Kommunikation und Koordination zwischen Hersteller und Endkunde sehr genau erfolgen muss, um sicherzustellen, dass die Lieferung reibungslos abläuft.

Frage 10:

Modell	Verkaufszahlen	Preis in € pro Stück	Erlöse in €	Anteil in %	**Klasse**
1	120.000	0,35	42.000,00	8,29	**C**
2	3.000	45,00	135.000,00	26,65	**A**
3	52.000	0,04	2.080,00	0,41	**C**
4	6.580	14,75	97.055,00	19,16	**A**
5	4.200	0,12	504,00	0,1	**C**
6	12.500	8,75	109.375,00	21,59	**A**
7	23.800	2,15	51.170,00	10,10	**B**
8	85.000	0,62	52.700,00	10,40	**B**
9	52.000	0,12	6.240,00	1,23	**C**
10	35.000	0,30	10.500,00	2,07	**C**
			506.624,00	100	

Frage 11: Die A-Güter haben einen relativ geringen Mengenanteil, aber einen sehr hohen Erlösanteil. Auf diese Produkte ist besonders zu achten, z. B. häufigere Angebotsvergleiche, gewissenhafte Kontrolle in Bezug auf Bestände, Preise, Qualität.

Frage 12:

Zentrales Lager	Dezentrales Lager
Lagerung der gesamten Warenvorräte an einem Ort. Vorteile: - Niedrige Kosten (Lagerverwaltungskosten, Raumkosten) - Bessere Kontrolle / Übersicht - Bestellaufwand gering	Lagerung der Warenvorräte an verschiedenen Orten. Vorteile: - Schnellere Belieferung durch Kundennähe möglich - Kürzere Transportwege = weniger Transportkosten - Kleinere Lagerbestände / weniger Risiko

Frage 13:

✓ Keine Kosten für die Lagereinrichtungen (gebundenes Kapital)
✓ Keine Kosten für Personal und Miete
✓ Geschultes Personal beim Fremdlageranbieter

Frage 14:

$$\text{Km-Satz} = \frac{\text{Kilometerabhängige Kosten}}{\text{Jahreskilometerleistung}} = \frac{64.800{,}00\ €}{90.000\ \text{km}} = 0{,}72\ € / \text{km}$$

$$\text{Tagessatz} = \frac{\text{Zeitabhängige Fahrzeugkosten}}{\text{Einsatztage pro Jahr}} = \frac{83.200{,}00\ €}{260\ \text{Tage}} = 320\ € / \text{Tag}$$

Kosten mit eigenem Fahrzeug: 668 km x 0,72 € =	480,96 €
+ Tagessatz (Fixkosten)	320,00 €
	800,96 €

Der Auftrag sollte mit eigenem Fahrzeug ausgeführt werden (Make-or-Buy-Entscheidung).

Frage 15:

Vorteile	Nachteile
- Unabhängigkeit von fremden Unternehmen.	- Eigener Fuhrpark ist kostenintensiv.
- Lieferung kann flexibler erfolgen.	- Leerfahrten möglich.
- Lieferung erfolgt durch eigene, geschulte Mitarbeiter/-innen.	- Transport gehört nicht zum Kerngeschäft.

B. Einkauf von Waren und Dienstleistungen

Situation zu den Fragen 1 - 3
Die Firma Weltbestes Spielzeug (WBS) ist ein in Deutschland ansässiger Großhändler für Spielzeugartikel. Sie beziehen ihre Produkte aus verschiedenen Ländern, darunter China, Indien und den USA. Kürzlich haben sie den Bedarf an einem neuen, innovativen Spielzeugroboter identifiziert, der von verschiedenen Herstellern produziert wird; einem in China, einem in Indien und einem in den USA.

- Der chinesische Hersteller bietet einen direkten Import ohne Handelsmittler an.
- Der indische Hersteller bietet nur einen indirekten Import an, indem er einen Handelsmittler einschaltet.
- Der US-Hersteller bietet beide Optionen an.

Frage 1: Erkläre den Unterschied zwischen Intrahandel (innergemeinschaftlicher Warenverkehr) und Extrahandel.

Frage 2: Was sind die potenziellen Vor- und Nachteile des Direktimports vom chinesischen Hersteller für WBS?

Frage 3: Wie könnte die Möglichkeit, entweder direkt oder indirekt vom US-Hersteller zu importieren, die Entscheidung von WBS beeinflussen?

Situation zu den Fragen 4 - 6
Die Firma Top-Data aus Hannover importiert Tablets der Stone Tec Corporation aus New York per Schiff nach Hamburg.
Der Kaufpreis der Lieferung beträgt 94.360,00 USD.
Kosten der Seefracht von New York nach Hamburg: 720,00 USD - Zoll: 2,7 %
Seetransportversicherung: 160,00 USD - Umrechnungskurs: 1 USD = 0,8882 Euro

Frage 4: Berechnen Sie den Zoll in Euro, wenn als Lieferbedingung „FOB“ vereinbart wurde.

Frage 5: Berechnen Sie die Einfuhrumsatzsteuer in Euro.

Frage 6: Ergänzen Sie folgende Tabelle von Incoterms.

	Englisch	Deutsch	Gefahrenübergang Verkäufer an Käufer	Kostenübergang Verkäufer an Käufer
FOB	Free on board	Frei an Bord	Verladen an Bord	Verladen an Bord
EXW				
FCA				
DDP				
CIF				

Frage 7: Welchen Stellenwert hat die Terminüberwachung bei der Auftragsabwicklung? Welche Termine sollten überwacht werden?

Situation zu den Fragen 8 - 11
Sie erhalten eine Lieferung an Verbrauchsmaterial Ihres Großhändlers.

Frage 8: Innerhalb welcher Frist ist die Prüfung auf Mängel vorzunehmen?

Frage 9: Innerhalb welcher Fristen sind offene und versteckte Mängel zu rügen?

Frage 10: Welche Voraussetzungen sind für einen Lieferungsverzug notwendig und welche Rechte ergeben sich daraus für den Käufer / Empfänger?

Frage 11: Welche Rechte ergeben sich für den Käufer aus einer mangelhaften Lieferung im Allgemeinen?

Frage 12: Sie arbeiten in der Buchhaltung der Kaiserhof Porzellan Großhandel AG. Eine Rechnung an die Gerhard Thomsen Einzelhandel OHG von 6.450,85 € (brutto) wurde am 07.04. dieses Jahres verschickt. Bei einer Kontoabfrage am 27.05. wurde keine Zahlung festgestellt. Als Zahlungsbedingungen wurde vereinbart: Zahlbar ab Rechnungserhalt binnen 7 Tagen unter Abzug von 3 % Skonto oder nach 21 Tagen netto Kasse.

Gerät die Gerhard Thomsen Einzelhandel OHG auch ohne Mahnung in Zahlungsverzug?

Lösungen zu Fragenblock B

Frage 1: Intrahandel bezeichnet den Handel innerhalb einer bestimmten Wirtschaftsunion (Europäische Union), während Extrahandel den Handel mit Ländern außerhalb dieser Union beschreibt.

Frage 2: Ein Vorteil des Direktimports könnte die Kostenersparnis sein, da keine Gebühren für Handelsmittler anfallen. Es könnte auch eine höhere Transparenz und direkte Kommunikation mit dem Hersteller geben. Nachteile könnten jedoch sein, dass WBS möglicherweise nicht über das erforderliche Know-how verfügt, um alle Aspekte des Importprozesses zu verwalten, und dass es möglicherweise schwierig ist, bei Problemen eine Lösung zu finden, da es keine dritte Partei gibt, die bei Unstimmigkeiten vermitteln kann.

Frage 3: Die Möglichkeit, direkt oder indirekt vom US-Hersteller zu importieren, bietet WBS die Flexibilität, die für ihre Anforderungen und Kapazitäten optimale Entscheidung zu treffen – sei es zur Kosteneinsparung durch Direktimport oder zur Prozessunterstützung durch indirekten Import.

Frage 4:
94.360,00 USD + 720,00 USD + 160 USD = 95.240,00 USD

1 USD = 0,8882 €
95240,00 USD = X

$$X = \frac{0{,}8882\ € \times 95.240{,}00\ \text{USD}}{1\ \text{USD}} = 84.592{,}17\ €\ \text{Zollwert}$$

84.592,17 € x 2,7 % = **2283,99 € Zoll**

Frage 5: 84.592,17 € + 2283,99 € = 86.876,16 € (Bemessungsgrundlage für die EUSt)
86.876,16 € x 19 % = **16.506,47 € Einfuhrumsatzsteuer**

Frage 6:

	Englisch	Deutsch	Gefahrenübergang Verkäufer an Käufer	Kostenübergang Verkäufer an Käufer
FOB	**F**ree **o**n **b**oard…	Frei an Bord…	Verladen an Bord	
EXW	**EX W**orks…	ab Werk…	Werk des Verkäufers	
FCA	**F**ree **C**arrier…	Frei Frachtführer…	Bei Übergabe an den Frachtführer	
DDP	**D**elivered **D**uty **P**aid…	Geliefert Zoll bezahlt…	Bestimmungsort	
CIF	**C**ost, **I**nsurance and **F**reight…	Kosten, Versicherung und Fracht….	Lieferung an Bord des Schiffes im Verschiffungshafen	Bestimmungshafen

Frage 7: Die Terminüberwachung hat einen hohen Stellenwert. Folgende Termine sollten überwacht werden:

✓ Termine in der Produktion und die rechtzeitige Fertigstellung des Produktes.
✓ Überwachung der Termine für Bereitstellung und Versand der Waren.
✓ Überwachung der Rechnungsstellung und des Zahlungseinganges inkl. Erstellung von Mahnungen.

Frage 8: Die Prüfung auf Mängel ist unverzüglich ohne schuldhaftes Zögern vorzunehmen.

Frage 9: <u>Offene Mängel</u> sind unverzüglich zu rügen. <u>Versteckte Mängel</u> sind unverzüglich nach Entdeckung zu rügen.

Frage 10:

<u>Voraussetzungen für den Lieferungsverzug:</u>

✓ Die Lieferung muss fällig sein. Dies trifft zu, wenn der Liefertermin kalendarisch festgelegt wurde. Ist der Liefertermin nicht kalendarisch festgelegt, ist eine Mahnung erforderlich.
✓ Es muss ein Verschulden des Lieferanten vorliegen.

<u>Rechte des Empfängers ohne Nachfristsetzung:</u>

a) Bestehen auf Lieferung.
b) Bestehen auf Lieferung und Verlangen eines Schadensersatzes.

<u>Rechte des Empfängers mit Nachfristsetzung:</u>

a) Schadensersatz statt Leistung oder Ersatz vergeblicher Aufwendungen.
b) Rücktritt vom Kaufvertrag.

Frage 11:

Recht auf Nacherfüllung: Nachbesserung bei Gattungsware, Stückkauf oder Ersatzlieferung.
Recht auf Rücktritt vom Kaufvertrag: Vorher muss dem Verkäufer die Möglichkeit der Nacherfüllung eingeräumt werden.
Recht auf Minderung: Der Kaufpreis wird entsprechend des Mangels gemindert.
Recht auf Schadensersatz / Ersatz vergeblicher Aufwendungen: Voraussetzung ist, dass der Käufer eine angemessene Nachfrist zur Nacherfüllung gesetzt hat und diese erfolglos abgelaufen ist. Darüber hinaus muss dem Verkäufer beim Zugang der Fristsetzung deutlich werden, dass der Käufer nach Ablauf dieser Frist einen Schadensersatz verlangen wird.

Frage 12: Die Gerhard Thomsen Einzelhandel OHG geht 30 Tage nach Fälligkeit und Zugang der Rechnung in Zahlungsverzug, da es sich um einen zweiseitigen Handelskauf handelt. Unternehmen als Schuldner brauchen nicht auf die 30-Tage-Frist hingewiesen zu werden.

C. Lagerlogistik planen, steuern und abwickeln 1

Situation zu den Fragen 1 - 3
Sie arbeiten in einem Großhandelsunternehmen und sind für die Warenannahme zuständig.

Frage 1: Welche Kontrollen sind bei Wareneingang in Anwesenheit des Zustellers durchzuführen?

Frage 2: Sie stellen bei der Sichtprüfung fest, dass 3 Kartons einer Lieferung beschädigt sind. Wie verhalten Sie sich?

Frage 3: Welche Kontrollen werden durchgeführt, nachdem der Zusteller sich verabschiedet hat? Welche Mängel werden dabei unterschieden?

Frage 4: Erkläre einen möglichen Zielkonflikt zwischen der Sicherung der Lieferbereitschaft und Kosteneffizienz.

Situation zu den Fragen 5 - 6
Bei der Barak Großhandel GmbH werden verschiedene Ordnungssysteme an neuen Standorten eingesetzt.

Frage 5: Was ist bei den Lagerhaltungssystemen unter „chaotische Lagerhaltung" zu verstehen?

Frage 6: Welche Vorteile hat das Festplatzsystem gegenüber dem Freiplatzsystem?

Frage 7: Sie arbeiten als Mitarbeiterin im Logistikbereich eines Großhandelsunternehmens. Das Unternehmen hat sich dazu entschlossen, einem Kunden auf Wunsch eine Just-in-time-Belieferung anzubieten. Nennen Sie Vorausetzungen für eine Just-in-time-Belieferung.

Situation zu den Fragen 8 - 11
Bei der Inventur wurden folgende Werte festgehalten:
- Anfangsbestand: 20.000 €
- Summe der 12 Monatsendbestände: 180.000 €
- Warenverbrauch: 172.000 €

Frage 8: Ermitteln Sie den durchschnittlichen Lagerbestand.

Frage 9: Wie hoch ist die Umschlaghäufigkeit?

Frage 10: Wie hoch ist die durchschnittliche Lagerdauer?

Frage 11: Nennen Sie 3 Maßnahmen, die zur Erhöhung der Lagerumschlaghäufigkeit führen können.

Frage 12: Sie sind für ein Ersatzteillager zuständig. Aus der Lagerbuchführung können Sie entnehmen:

- Durchschnittlicher Lagerbestand: 125.000,00 €
- Lagerumschlag: 5
- Aktueller Zinssatz: 6 %

Wie hoch ist der Lagerzinssatz? Berechnen Sie die Lagerzinsen.

Situation zu den Fragen 13 - 15
Von den Felgenbremsbelegen „Standard Plus“ werden täglich 120 Stück verkauft.
Der Mindestbestand soll zur Sicherheit 600 Stück betragen. Die Lieferzeit beträgt 8 Tage.

Frage 13: Wie hoch ist der Meldebestand?

Frage 14: Welche Gründe würden zu einer Absenkung des Meldebestandes führen?

Frage 15: Der Verkauf von Felgenbremsbelegen ist starken Schwankungen unterworfen. Welches Bestellverfahren wäre somit geeignet?

Lösungen zu Fragenblock C

Frage 1:
✓ Lieferadresse überprüfen.
✓ Liefertermin überprüfen.
✓ Anzahl der Packstücke (nicht der Einheiten) überprüfen.
✓ Verpackung und auch unverpackte Waren auf äußere Schäden sichten und Beschädigungen festhalten.

Frage 2: Sie dokumentieren die Transportschäden und lassen sich dies durch eine Unterschrift des Zustellers bestätigen. Zusätzlich können noch Fotos gemacht oder Skizzen angefertigt werden.

Frage 3: Auspacken und Prüfen auf offene Mängel:

Mängel in der Art (Identität)
Mängel in der Menge (Quantität)
Mängel in der Güte (Qualität)
Mängel in der Beschaffenheit

Frage 4: Der Zielkonflikt besteht darin, dass das Streben nach niedrigeren Kosten oft im Widerspruch zu einer hohen Lieferbereitschaft steht. Unternehmen möchten ihre Kosten durch geringere Lagerbestände und optimierte Transportwege minimieren. Andererseits ist eine schnelle und zuverlässige Lieferung für Kunden entscheidend. Eine sorgfältige Planung ist somit notwendig.

Frage 5: Den Waren / Lagergütern sind keine festen Lagerplätze zugeteilt, sondern beliebige, zum Zeitpunkt der Einlagerung freie Plätze. Dies geschieht mit Hilfe eines elektronischen Lagerverwaltungsprogramms. Dadurch sollen Fahrwege optimiert werden.

Frage 6:
✓ Gute Lagerübersicht wegen gleichbleibender Lagerplätze
✓ Senkung der Abhängigkeit von der EDV
✓ Möglichkeit der Sortierung nach Art und Umschlaghäufigkeit

Frage 7:
✓ Nutzung von moderner Bürokommunikation. Informationen zwischen Großhandel und Kunden werden ausgetauscht.
✓ EDV gestützte Auftragsbearbeitung und Organisation im Lager
✓ Flexible Transportsysteme
✓ Hohe Umschlaghäufigkeit
✓ Vertrauen in den Lieferanten

Frage 8:

$$\text{Durchschn. Lagerbestand} = \frac{\text{Anfangsbestand + 12 Monatsendbestände}}{13} = \frac{20.000\ € + 180.000\ €}{13}$$

= 15.384,62 €

Frage 9:

$$\text{Umschlaghäufigkeit} = \frac{\text{Wareneinsatz}}{\text{Durchschn. Lagerbestand}} = \frac{172.000{,}00\ €}{15.384{,}62\ €} = \mathbf{11{,}18}$$

Frage 10:

$$\text{Durchschn. Lagerdauer} = \frac{\text{360 Tage}}{\text{Umschlaghäufigkeit}} = \frac{\text{360 Tage}}{11{,}18} = \mathbf{32{,}20\ Tage}$$

Frage 11:

✓ Optimierung des Sortiments.
✓ Verminderung des Lagerbestandes, z. B. durch Verkürzung der Lieferzeiten.
✓ Erhöhung des Verkaufes, z. B. durch Werbemaßnahmen.

Frage 12:

$$\text{Lagerzinssatz} = \frac{6}{5} = \mathbf{1{,}2\ \%}$$

$$\text{Lagerzinsen} = \frac{\text{Durchschn. Lagerbestand x Lagerzinssatz}}{100} = \frac{125.000{,}00\ € \times 1{,}2}{100} = \mathbf{1.500{,}00\ €}$$

Frage 13:

Meldebestand = Mindestbestand + (Tagesverbrauch x Lieferzeit)

Meldebestand = 600 + (120 Stück x 8 Tage)

Der Meldebestand beträgt **1560 Stück**.

Frage 14: Mögliche Gründe für die Absenkung des Meldebestandes wären:

✓ Absenkung des Mindestbestandes
✓ Verringerung des Tagesverbrauches
✓ Verkürzung der Lieferzeit

Frage 15: Für Güter mit ständigen Bedarfsschwankungen ist das Bestellpunktverfahren gut geeignet.

Für Güter mit konstanten Verkäufen oder sehr geringen Verkaufsschwankungen ist das Bestellrhythmusverfahren gut geeignet.

D. Lagerlogistik planen, steuern und abwickeln 2

Situation zu den Fragen 1 - 3
Die Blitz Elektronik GmbH ist ein Großhändler für elektronische Geräte. Da das Unternehmen nicht genügend Platz in seinem eigenen Lager hat, lagert es einen beträchtlichen Teil an elektronischen Waren in einem Fremdlager, welches von der Habermehl Logistik GmbH betrieben wird.

Frage 1: Welche Rechtsstellung hat der Lagerhalter?

Frage 2: Nenne 5 Aufgaben eines Lagerhalters.

Frage 3: Welche Bedeutung hat der Lagerschein?

Situation zu den Fragen 4 - 5
Sie sind mit der Durchführung der Inventur beauftragt.

Frage 4: Erklären Sie folgende Inventurarten: Stichtagsinventur, Buchinventur, permanente Inventur.

Frage 5: Wie kann es zu Inventurdifferenzen kommen?

Situation zu den Fragen 6 - 9
Sie sind ein Teamleiter in einem Großhandelsunternehmen und verantwortlich für die Kommissionierung. Sie haben einen umfangreichen Auftrag erhalten, bei dem eine große Anzahl von Produkten für verschiedene Kunden zusammengestellt werden muss.

Frage 6: Nennen Sie 5 Gründe für einen Kommissionierungsauftrag.

Frage 7: Erklären Sie kurz die Begriffe „Statische Bereitstellung“ und „Dynamische Bereitstellung“. Nennen Sie je eine dazu geeignete Regalart.

Frage 8: Welches sind die Merkmale der „parallelen Kommissioniertechnik“?

Frage 9: Erklären Sie 3 Möglichkeiten der „beleglosen Kommissionierung“.

Frage 10: Sie arbeiten als Kauffrau für Groß- und Außenhandelsmanagement in einem Unternehmen und sind für den Warenausgang verantwortlich. Ein Kunde hat eine Bestellung aufgegeben, die nun verschickt werden soll. Nun stehen die entsprechenden schriftlichen Dokumente für den Warenausgang an. Nennen Sie 4 Schriftstücke zum Warenausgang mit einer kurzen Beschreibung.

Frage 11: Errechnen Sie den Mindestbestand für ein bestimmtes Produkt basierend auf dem Verbrauch und der Lieferzeit.
Durchschnittlicher täglicher Verbrauch des Produkts: 20 Stück
Lieferzeit für das Produkt: 5 Tage

Situation zu den Fragen 12 - 14

Eine Lagerkartei weist folgende Werte auf:

Datum	Zugang	Abgang	Bestand
01.01.			58
14.01.		18	40
02.02.	60		100
18.02.		15	85
25.03.		20	65
28.03.		8	57
15.04.		18	39
20.05.	61		100
23.06.		34	66
12.07.		18	48
10.08.		10	38
29.09.	62		100
14.10.		15	85
15.11.		20	65
26.12.		10	55

Frage 12: Wie hoch ist der durchschnittliche Lagerbestand? Rechnen Sie auf der Grundlage von 12 Monatsendwerten.

Frage 13: Berechnen Sie die Umschlaghäufigkeit.

Frage 14: Wie hoch ist die durchschnittliche Lagerdauer?

Lösungen zu Fragenblock D

Frage 1: Der Lagerhalter ist ein Kaufmann, der gewerbsmäßig gegen Entgelt die Lagerung und Aufbewahrung von lagerfähigen Gütern mittels Lagervertrag übernimmt und dem Empfänger herausgibt.

Frage 2:

Aufgaben des Lagerhalters können sein
Wareneingang und -ausgang
Warenannahme und -kontrolle
Bestandsführung und -kontrolle
Lagerorganisation und -optimierung
Koordination der Logistik
Ausstellung von Lagerscheinen
Weitere Aufgaben nach Vereinbarung

Frage 3: Ein Lagerschein ist ein Dokument, das von einem Lagerhalter ausgestellt wird und den Besitz einer bestimmten Menge und Art von Ware bestätigt, die in seinem Lager eingelagert ist. Es handelt sich um ein Wertpapier, das den Inhaber berechtigt, die im Schein angegebene Ware zu verlangen.

Frage 4:

- Stichtagsinventur: Inventur zum Bilanzstichtag.
- Buchinventur: Erfassung aller nicht körperlichen Gegenstände, z. B. Forderungen, Verbindlichkeiten.
- Permanente Inventur: Die Bestände werden nicht an einem bestimmten Tag, sondern permanent aufgenommen. Am Bilanzstichtag werden die Bestände aus der buchmäßigen Bestandsfortschreibung in das Inventar übernommen.

Frage 5:

Fehler bei der Bestandsaufnahme, z. B. Zählfehler
Schwund, Verderb
Diebstahl
Fehlerhafte Erfassung von Warenausgängen
Fehlerhafte Erfassung von Wareneingängen

Frage 6:

Bestellung eines Kunden	Auffüllen des Verkaufsregals	Rücklieferung an Lieferanten
Umlagerung an einen anderen Standort	Entsorgung	Bereitstellung für Produktion

Frage 7: Bei der „Statischen Bereitstellung" bewegt sich die Ware nicht.
Der Kommissionierer bewegt sich zur Ware.
Beispiele: Hochregal, Fachbodenregal, Palettenregal, Kragarmregal, Wabenregal

Bei der „Dynamischen Bereitstellung" bewegt sich die Ware zum Kommissionierer.
Der muss die Ware nur noch entnehmen.
Beispiele: Turmregal, Paternosterregal, Karussellregal, automatisches Kleinteillager

Frage 8:

✓ Ein Kundenauftrag wird in mehrere Aufträge nach Lagerzonen unterteilt.
✓ Mehrere Kommissionierer arbeiten an einem Auftrag.
✓ Am Ende werden die Teilaufträge zusammengeführt.

Frage 9:

Pick by Light: Die Pick-by-Light Anzeige besteht mindestens aus einer weithin sichtbaren Blickfangleuchte und einem Quittierknopf, über den die Entnahme vom Kommissionierer bestätigt wird.

Pick by Voice: Die Aufträge werden vom Lagerverwaltungssystem mittels Funk (WLAN) an das Headset des Kommissionierers gesendet. Die Sprachkommandos werden über ein Mikrofon bestätigt.

RFID-Technik: Ein RFID-System (englisch: radio-frequency identification) besteht aus einem Transponder, der sich am oder im Gut befindet und einen kennzeichnenden Code enthält. Durch ein Lesegerät können diese Daten mit dem Warenwirtschaftssystem verknüpft werden.

Frage 10:

Packzettel: Ein Packzettel dient dazu, den Lagermitarbeitern bei der Kommissionierung und Verpackung von Waren zu helfen. Er enthält wichtige Informationen über die zu verpackenden Artikel, einschließlich der Artikelnummer, Artikelbeschreibung und der benötigten Menge.
Entnahmeschein: Ein Entnahmeschein ist ein internes Dokument, das verwendet wird, um den Warenausgang aus dem Lager zu erfassen. Er wird ausgefüllt, wenn Ware aus dem Lager entnommen wird.
Lieferschein: Der Lieferschein begleitet die Anlieferung von Waren. Er enthält Angaben über den Lieferanten, Art und Menge der Ware (ohne Preise) und das Lieferdatum.
Versandanzeige: Sie teilt dem Kunden mit, dass die Ware versendet wurde und unterwegs ist. Sie dient als Nachweis für den Versand der Ware und ermöglicht es dem Kunden, sich auf die Ankunft der Sendung vorzubereiten.

Frage 11:

Mindestbestand = Durchschnittlicher täglicher Verbrauch x Lieferzeit
Mindestbestand = 20 Stück/Tag x 5 Tage
Mindestbestand = 100 Stück

Frage 12:

$$\text{Durchschn. Lagerbestand} = \frac{\text{Anfangsbestand + 12 Monatsendbestände}}{13} = \frac{58 + 778}{13} = \mathbf{64{,}31}$$

Frage 13:

$$\text{Umschlaghäufigkeit} = \frac{\text{Verbrauch}}{\text{Durchschnitt. Lagerbestand}} = \frac{186}{64{,}31} = \mathbf{2{,}89}$$

Frage 14:

$$\text{Durchschn. Lagerdauer} = \frac{360}{\text{Umschlaghäufigkeit}} = \frac{360}{2{,}89} = \mathbf{124{,}57\ Tage}$$

E. Marketing 1

Situation zu den Fragen 1 - 6
Die GreenClean GmbH ist ein junges Unternehmen, das eine innovative und umweltfreundliche Reinigungslösung auf den Markt gebracht hat. Das Produkt „GreenCleaner“ ist eine Reinigungsflüssigkeit, die aus biologisch abbaubaren Inhaltsstoffen besteht und nachhaltig hergestellt wird. Die GreenClean GmbH ist in einem stark wettbewerbsorientierten Markt tätig und ihr aktueller Marktanteil ist vergleichsweise gering.

Frage 1: Erklären Sie den Begriff "Marketing" und seine Bedeutung für ein Unternehmen.

Frage 2: Nennen Sie 5 mögliche Ziele des Marketings für das Produkt „GreenCleaner“.

Frage 3: Der Geschäftsführer möchte eine Marktanalyse durchführen. Was ist der Unterschied zur Marktbeobachtung?

Frage 4: Welche Gefahren können bei der Aufstellung einer Marktprognose entstehen?

Frage 5: Erklären Sie die Begriffe „Sekundärforschung“ und „Primärforschung“.

Frage 6: Ist eine Nutzung digitaler Medien für die Marktforschung sinnvoll?

Frage 7: Nennen Sie 4 Hauptbestandteile des Marketing-Mix.

Frage 8: Erläutern Sie folgende Begriffe aus dem Marketing-Bereich:

Corporate Design	Corporate Identity	Sales Promotion	Eye-Catcher

Situation zu den Fragen 9 - 10
Sie werden beauftragt, einen Kostenvergleich zwischen einem Handelsvertreter und Reisendem durchzuführen. Dazu haben Sie von der Personalabteilung folgende Werte bekommen:
- Kosten Reisender: Jährliche Personalkosten 35.000,00 €, 2 % Umsatzprovision
- Kosten Handelsvertreter: 5,5 % Umsatzprovision

Frage 9: Welche Kosten fallen sowohl beim Reisenden als auch beim Handelsvertreter bei einem Jahresumsatz von 1.500.000,00 € an?

Frage 10: Bei welchem Umsatz sind die Kosten der beiden Absatzmittler gleich hoch (Kritischer Umsatz)?

Frage 11: Der Elektrogroßhändler Ebel Südtech GmbH & Co. KG in Nürnberg überlegt, ob er seine Elektrogeräte auch direkt an Endkunden über ein neues Ladengeschäft verkaufen soll. Formulieren Sie 5 Fragen, die mit Hilfe von Marktforschung beantwortet werden sollen.

Frage 12: Unterscheiden Sie die Begriffe „Produktinnovation" und „Produktvariation".

Situation zu den Fragen 13 - 15

Die Küchentechnik Gerner GmbH & Co. KG vertreibt Produkte für Großküchen. Sie erhalten zur weiteren Analyse Verkaufszahlen aus dem Bereich „Kombidämpfer" des eigenen Betriebes und von Mitbewerbern.

	Kombidämpfer groß	Kombidämpfer mittel	Kombidämpfer klein
Eigener Betrieb	83	125	212
Zunussi OHG	102	145	158
Trus Technik GmbH	25	94	105

Frage 13: Berechnen Sie die Gesamtmärkte der verschiedenen Kombidämpfer.

Frage 14: Berechnen Sie für das eigene Unternehmen die absoluten Marktanteile der verschiedenen Kombidämpfer.

Frage 15: Wie hoch ist beim eigenen Unternehmen der relative Marktanteil bei den mittleren Kombidämpfern?

Lösungen zu Fragenblock E

Frage 1: Marketing umfasst alle Aktivitäten, die darauf abzielen, Produkte oder Dienstleistungen erfolgreich auf dem Markt zu platzieren. Es beinhaltet die Planung, Durchführung und Kontrolle verschiedener Maßnahmen, um die Bedürfnisse der Kunden zu erfüllen und langfristige Kundenbeziehungen aufzubauen. Marketing ist ein wichtiger Bestandteil des Unternehmenserfolgs.

Frage 2:

Marktanteil erhöhen	Bekanntheit steigern	Zielgruppe identifizieren und ansprechen
Interesse und Neugier wecken	Produktvorteile kommunizieren	Kaufanreize schaffen
Kundenbindung aufbauen	Wettbewerbsvorteil erzielen	
Umsatzsteigerung und Rentabilität	Positionierung als umweltfreundliche Reinigungslösung	

Frage 3:
Marktanalyse ist die Analyse vorhandener Marktdaten zu einem bestimmten Zeitpunkt.

Marktbeobachtung betrachtet die laufenden Veränderungen des Marktes über einen gewissen Zeitraum.

Frage 4: Einflussfaktoren können falsch eingeschätzt werden. Die Prognose ist unsicher, da die Entwicklung in der Zukunft nur geschätzt werden kann. Somit besteht die Gefahr von Fehlinvestitionen.

Frage 5:
Sekundärforschung ist die Beschaffung, Verarbeitung und Auswertung von bereits existierendem Datenmaterial, z. B. Umsatzzahlen, Statistiken der Verbände,…

Primärforschung ist die neue und erstmalige Beschaffung, Verarbeitung und Auswertung noch nicht erfasster Daten.

Frage 6: Die GreenClean GmbH kann (sollte) digitale Medien nutzen, um die Ergebnisse ihrer Marktforschung zu verbessern.
Beispiele: Online-Umfragen, Social-Media-Monitoring, Tracking-Analysen, Foren, Webanalyse …

Frage 7:
- ✓ Produktpolitik (Produktgestaltung, Produktvariationen, ...)
- ✓ Preis- und Konditionenpolitik (Preisfestsetzung, Preisdifferenzierung, ...)
- ✓ Distributions- und Vertriebspolitik (direkter Absatz, indirekter Absatz, ...)
- ✓ Kommunikationspolitik (Wirtschaftlichkeit, Klarheit, Wahrheit, ...)

Frage 8:

- **Corporate Design:** Erscheinungsbild einer Firma, z. B. Logo und Firmenfarben werden bewusst und häufig verwendet.

- **Corporate Identity:** Unternehmensphilosophie, die in allen Bereichen angewandt wird.

- **Sales Promotion:** Verkaufsförderung (oft für ein bestimmtes Produkt)

- **Eye-Catcher:** Blickfang, Gestaltungselement, das Aufmerksamkeit erregt.

Frage 9:

Reisender: 35.000,00 € + 1.500.000,00 € x 0,02 = **65.000,00 € Kosten**
Handelsvertreter: 1.500.000,00 € x 0,055 = **82.500,00 Kosten**

Frage 10:

(Mit 0 € sind die Fixkosten des Handelsvertreters dargestellt.)

35.000,00 € + 0,02 x = 0 € + 0,055 x | - 0,02 x
35.000,00 € = 0,035 x | : 0,035
1.000.000,00 € = x

Bei einem Umsatz von **1.000.000,00 €** sind die Kosten für den Handelsvertreter und dem Reisenden gleich hoch (Kritischer Umsatz).

Frage 11:

✓ Besteht Bedarf an einem Elektrogeschäft?
✓ Gibt es Mitbewerber?
✓ Wie ist die Kaufkraft?
✓ Welche Artikel werden benötigt?
✓ Wie ist die Altersstruktur, Einkommensstruktur?

Frage 12:

- **Produktinnovation:** Erstellung eines völlig neuartigen Produktes oder Hinzufügen von neuen Produkteigenschaften für ein bereits bestehendes Produkt.

- **Produktvariation:** Erstellung von verschiedenen Produktvarianten, um auf viele unterschiedliche Kundenwünsche eingehen zu können.

Frage 13:

	Kombidämpfer groß	Kombidämpfer mittel	Kombidämpfer klein
Eigener Betrieb	83	125	212
Zunussi OHG	102	145	158
Trus Technik GmbH	25	94	105
Gesamt:	**210**	**364**	**475**

Frage 14:

$$\text{Absoluter Marktanteil} = \frac{\text{Absatzvolumen x 100}}{\text{Marktvolumen}}$$

$$\text{Absoluter Marktanteil Kombidämpfer groß} = \frac{\text{83 Geräte x 100 \%}}{\text{210 Geräte}} = \mathbf{39{,}52\ \%}$$

$$\text{Absoluter Marktanteil Kombidämpfer mittel} = \frac{\text{125 Geräte x 100 \%}}{\text{364 Geräte}} = \mathbf{34{,}34\ \%}$$

$$\text{Absoluter Marktanteil Kombidämpfer klein} = \frac{\text{212 Geräte x 100 \%}}{\text{475 Geräte}} = \mathbf{44{,}63\ \%}$$

Frage 15:

$$\text{Relativer Marktanteil} = \frac{\text{Eigener Marktanteil in \%}}{\text{Marktanteil des größten Wettbewerbers in \%}}$$

$$\text{Marktanteil Zunussi OHG (Größter Wettbewerber)} = \frac{\text{145 Geräte x 100 \%}}{\text{364 Geräte}} = \mathbf{39{,}84\ \%}$$

$$\text{Relativer Marktanteil eigener Betrieb Kombidämpfer mittel} = \frac{\text{34,34 \% x 100 \%}}{\text{39,84 \%}} = \mathbf{86{,}19\ \%}$$

F. Marketing 2

Situation zu den Fragen 1 - 5
Der Elektrogroßmarkt Sellering OHG möchte seinen Kunden mehr Service bieten und damit die Kundenzufriedenheit steigern. Dadurch möchte er sich vor allem von den zahlreichen Anbietern im Internet unterscheiden.

Frage 1: Warum ist Kundenzufriedenheit für den Großhandel wichtig?
Nennen Sie 4 Gründe.

Frage 2: Nennen Sie je 3 Serviceleistungen, die sich auf den Kunden und auf die Ware beziehen.

Frage 3: Die Marketingabteilung wird beauftragt, einen Werbeplan zu erstellen.
Ergänzen Sie die nachfolgende Tabelle.

Werbeziel:	Was soll mit der Maßnahme erreicht werden?
Streukreis:	
Streugebiet:	Wo wird geworben (Gebiet)?
Streuzeit:	
	Wie viel Geld wird für die Werbung ausgegeben?
	Wie wird geworben (Werbemittel und Werbeträger)?

Frage 4: Die Skimmingstrategie ist beim Vertrieb von Produkten aus dem Technologiebereich wie Smartphones, Computern und Tablets weit verbreitet. Was ist unter „Skimmingstrategie" bei der Preisbildung zu verstehen? Nennen Sie zusätzlich 3 Vorteile.

Frage 5: Was ist unter „antizyklischer Werbung" zu verstehen?

Situation zu den Fragen 6 - 8
Ein Großhandelsunternehmen bereitet sich auf die Einführung eines neuen Produkts vor. Das Produkt ist innovativ und hat großes Potenzial, aber es ist noch nicht bekannt auf dem Markt.

Frage 6: Was wird als Werbeträger bezeichnet? Geben Sie 4 Beispiele.

Frage 7: Welche Grundsätze sollten bei der Werbung beachtet werden?

Frage 8: Welches sind die Bestandteile der AIDA - Formel?

Frage 9: Ein Mitarbeiter eines Konkurrenzunternehmens veröffentlicht in einem Online-Forum falsche Behauptungen über die Qualität der Produkte Ihres Unternehmens. Damit sollen Kunden abgeworben werden. Können Sie sich gegen diese Falschbehauptungen wehren?

Situation zu den Fragen 10 - 12
Jason Rulo ist für den Bereich Controlling der Marketingaktivitäten zuständig.

Frage 10: Unterscheiden Sie strategisches und operatives Controlling.

Frage 11: Nennen Sie 5 Instrumente, die beim operativen Marketingcontrolling angewandt werden.

Frage 12: Wie können Benchmarking-Techniken im Marketingcontrolling eingesetzt werden?

Situation zu den Fragen 13 - 15
Die Einführung einer Kundenkarte durch einen Konkurrenten vor 3 Monaten hat die Südwest Shopping GmbH dazu veranlasst, über die Implementierung einer eigenen Kundenkarte für ihren Großhandelsbereich und ihre 6 Kaufhäuser nachzudenken.

Frage 13: Welche Vorteile bietet die Kundenkarte der Südwest Shopping GmbH und welche Vorteile hätten die Kunden?

Frage 14: Welche zusätzlichen Vorteile könnte eine Kunden-App neben der Kundenkarte für die Südwest Shopping GmbH und ihre Kunden bieten?

Frage 15: Nennen Sie weitere Maßnahmen zur Kundenbindung neben der Einführung der Kundenkarte / Kunden-App.

Lösungen zu Fragenblock F

Frage 1: Die Kundenzufriedenheit ist für den Großhandel aus verschiedenen Gründen wichtig.

Kundenbindung: Zufriedene Kunden werden an das Unternehmen gebunden.
Wettbewerbsvorteil: In einem Markt mit zahlreichen Anbietern, insbesondere im Internet, kann sich der Großhandel durch exzellenten Kundenservice von der Konkurrenz abheben.
Mundpropaganda: Zufriedene Kunden tendieren dazu, positive Erfahrungen mit anderen zu teilen. Mundpropaganda ist eine mächtige Marketingmethode, die dazu beitragen kann, neue Kunden zu gewinnen.
Image und Reputation: Eine hohe Kundenzufriedenheit führt zu einem positiven Image und einer guten Reputation und wird von potenziellen Kunden eher in Betracht gezogen.

Frage 2:

- Warenbezogene Serviceleistungen: Längere Garantie, Aufstellservice, Gebrauchsanweisung, Kundendienst durch eigene Techniker, Erfüllung von Sonderwünschen
- Kundenbezogene Serviceleistungen: Kompetente Beratung, After-Sales-Service, freundliche Gestaltung und Atmosphäre, Kunden-App, Newsletter, Kundenzeitschrift, Wasserspender, Sitzecke

Frage 3:

Werbeziel:	Was soll mit der Maßnahme erreicht werden?
Streukreis:	Wer wird umworben?
Streugebiet:	Wo wird geworben (Gebiet)?
Streuzeit:	Wann wird geworben und wie lange?
Werbeetat (Werbebudget):	Wie viel Geld wird für die Werbung ausgegeben?
Streuweg:	Wie wird geworben (Werbemittel und Werbeträger)?

Frage 4: Skimmingstrategie (engl. skimming für abschöpfen) ist eine Preisstrategie, bei der ein Produkt zunächst mit einem hohen Preis eingeführt wird, der später schrittweise gesenkt wird.

✓ Realisierung hoher Gewinne für den ersten Zeitraum.
✓ Die Bereitschaft des Kunden, einen höheren Preis für ein Produkt zu zahlen, wird genutzt.
✓ Schnelle Amortisation von Aufwendung.
✓ Mit einem hohen Preis wird Qualität suggeriert.
✓ Preiserhöhungen werden vermieden.

Frage 5: Bei Umsatzrückgängen werden die Ausgaben für Werbemaßnahmen erhöht. Sinkt der Umsatz steigen somit die Werbeanstrengungen.

Es kann auch bedeuten, dass außerhalb der Saison oder in einer schwierigen Konjunkturphase die Werbemaßnahmen gesteigert werden.

Frage 6: Unter Werbeträger versteht man das Medium zur Übertragung der Werbebotschaft. Beispiele: Zeitung, Hörfunk, Plakatsäulen, Fachzeitung, Internet (facebook, instagram, google …)

Frage 7:
✓ Werbewirksamkeit: Beim Kunden soll eine Wirkung erzielt werden.
✓ Werbewahrheit: Die Werbung soll richtige Informationen vermitteln.
✓ Werbeklarheit: Dem Kunden soll eine klare Botschaft vermittelt werden.
✓ Wirtschaftlichkeit: Das Kosten-Nutzen-Verhältnis der Werbung soll stimmen.

Frage 8:
A = Attention - Aufmerksamkeit erregen.
z. B. auffällige, moderne Anzeigen erstellen, die den neuen Markenlook präsentieren.

I = Interest - Interesse am Produkt wecken.
z. B. Geschichten erzählen, die den Wert der Marke und die Relevanz für die neue Zielgruppe hervorheben.

D = Desire - Wünsche des Kunden wecken.
z. B. Anzeigen erstellen, die zeigen, wie die Marke in das Lifestyle-Konzept der jüngeren Zielgruppe passt.

A = Action - Kauf auslösen.
z. B. Einladung an die Kunden, das neue Image der Marke in den Geschäften oder auf der Website des Unternehmens zu erleben.

Frage 9: Ja, die Veröffentlichung falscher Behauptungen über die Qualität der Waren eines Konkurrenzunternehmens in einem Online-Forum kann als unlauterer Wettbewerb betrachtet werden. **Das Gesetz gegen den unlauteren Wettbewerb** verbietet irreführende geschäftliche Handlungen, die den Wettbewerb beeinflussen sollen.

Frage 10: Das **strategische Controlling** betrachtet die langfristige Planung und Kontrolle der Erfolgspotenziale eines Unternehmens.

Das **operative Controlling** konzentriert sich auf die kurz- und mittelfristige Planung und Kontrolle.

Frage 11:

Soll / Ist – Vergleich	Cashflow	Rentabilität
Break-Even Analyse	Deckungsbeitragsrechnung	Customer Lifetime Value

Frage 12: Benchmarking-Techniken können im Marketingcontrolling eingesetzt werden, um die Leistung des eigenen Unternehmens mit der von Wettbewerbern oder Branchenführern zu vergleichen. Dies ermöglicht es, Best Practices zu identifizieren, von erfolgreichen Strategien zu lernen und Verbesserungspotenziale zu erkennen.

Frage 13:

Vorteile für die Südwest Shopping GmbH	Vorteile für den Kunden
- Steigerung der Kundenbindung - Umsatzsteigerung - Adressgewinnung und somit zielgruppengerechte Werbung möglich - Bessere Kenntnis der Kundenpräferenzen und Einkaufsgewohnheiten - Bargeldlose Bezahlung bei Kundenkarte mit Zahlungsfunktion	- Günstigere Einkaufspreise - Rabatte, Boni - Spezielle Angebote - Zusatzleistungen (z. B. freies Parken) - Bargeldlose Bezahlung bei Kundenkarte mit Zahlungsfunktion

Frage 14:

Eine Kunden-App könnte zusätzliche Vorteile bieten, z. B. schnelleren Zugriff auf Sonderangebote und personalisierte Empfehlungen, die Möglichkeit zur Online-Bestellung und -Lieferung, digitale Bezahlmöglichkeiten sowie einen einfachen Überblick über vergangene Einkäufe (Treuepunkte, Rabatte).

Frage 15:

Personalisierte Kommunikation und Angebote basierend auf den Kundenpräferenzen.
Einrichtung eines Kundenservice-Teams für schnelle und effektive Unterstützung.
Veranstaltung von exklusiven Events oder Sonderveranstaltungen für Kunden.
Durchführung regelmäßiger Kundenbefragungen zur Verbesserung des Kundenerlebnisses.
Einrichtung eines Kundenbindungsprogramms mit zusätzlichen Belohnungen und Vergünstigungen.
Einführung eines Empfehlungsprogramms, bei dem Kunden für die Weiterempfehlung belohnt werden.
Aktive Präsenz in den sozialen Medien, um Kundenbindung zu fördern und Kundenfeedback zu erhalten.
Persönlicher Kundenservice und Beratung vor Ort in den Kaufhäusern.
Schaffung einer positiven Einkaufsatmosphäre durch attraktive Ladengestaltung.

G. Maßnahmen der Kundenbindung, Online Marketing

Situation zu den Fragen 1 - 5
Sie sind für den Vertrieb von Haushaltsgeräten eines Großhändlers zuständig. Nach der Einführung einer neuen Serie von Staubsaugern möchten Sie von Ihren Kunden wissen, ob die Endkunden mit der Qualität und den Funktionen der Geräte zufrieden sind.

Frage 1: Erklären Sie den Begriff Customer Relationship Management (CRM) und seine Bedeutung für ein Unternehmen.

Frage 2: Beschreiben Sie die Unterschiede zwischen "Push-Marketing" und "Pull-Marketing" und geben Sie jeweils drei Beispiele.

Frage 3: Ein Einzelhändler ruft Sie an und beschwert sich über 3 defekte Geräte, die von Kunden an ihn zurückgegeben wurden. Warum ist ein effektives Beschwerdemanagement für ein Unternehmen wichtig?

Frage 4: Als weitere Maßnahme der Kundenbindung soll ein Newsletter erstellt werden. Erstellen Sie in Stichpunkten den Aufbau des Newsletters.

Frage 5: Nennen Sie 5 Möglichkeiten, um die Anmeldezahlen für den Newsletter zu steigern.

Frage 6: Was ist Virales Marketing?

Frage 7: Was ist unter „Customer Journey" zu verstehen?

Frage 8: Erläutern Sie die charakteristischen Merkmale von:

Multi-Channel-Strategie	Cross-Channel-Strategie	Omni-Channel-Strategie

Frage 9: Die Nommes GmbH möchte in Zukunft verstärkt auf eine kundenindividuelle Ansprache setzen. Erklären Sie, was damit gemeint ist.

Situation zu den Fragen 10 - 15
Die Firma Naase ist seit 75 Jahren im Bereich Hausrat tätig und betreibt einen Großhandel sowie drei Ladengeschäfte. Vor zwei Jahren wurde außerdem ein eigener Internetshop eingeführt. Nun plant das Unternehmen die Einrichtung eines neuen Internetshops und beauftragt dafür eine Internet-Marketing-Agentur mit Optimierungsmaßnahmen.

Frage 10: Welche Auswirkungen hat „Mobile Commerce" auf den Handel im Allgemeinen?

Frage 11: Welche besonderen Anforderungen werden an einen Onlineshop für die Bedienung mit Smartphones gestellt? Nennen Sie 4 Anforderungen.

Frage 12: Die Zugriffszahlen auf den Internetshop sollen gesteigert werden. Dazu empfiehlt die Internet-Marketing-Agentur Maßnahmen im Bereich Suchmaschinenoptimierung und Suchmaschinenmarketing. Erklären Sie in diesem Zusammenhang die Abkürzungen SEO und SEA.

Frage 13: Es wird „Affiliate-Marketing" als weitere Maßnahme vorgeschlagen.
Erklären Sie kurz.

Frage 14: Erläutern Sie den Begriff „Conversion Rate".

Frage 15: Nennen Sie 5 weitere Kennzahlen, um den Erfolg einer Website zu beurteilen.

Lösungen zu Fragenblock G

Frage 1: **C**ustomer **R**elationship **M**anagement (CRM) bezeichnet die Strategie und Technologie, die ein Unternehmen einsetzt, um Beziehungen und Interaktionen mit Kunden zu verwalten. Es umfasst die Erfassung und Analyse von Kundeninformationen, um eine personalisierte Kundenansprache zu ermöglichen, Kundenzufriedenheit zu steigern und langfristige Kundenbeziehungen aufzubauen.

Frage 2:

Push-Effekt Waren werden in den Handel „gedrückt“.	- Einführungspreise - Rabatte bei größerer Mengen - Prämien - Werbeanzeigen - Newsletter
Pull-Effekt Waren werden vom Endverbraucher aus dem Handel „gezogen“.	- Optimierung der Homepage - Empfehlungen von Freunden - Online-Bewertungen - Suchmaschinenopimierung

Frage 3: Ein effektives Beschwerdemanagement ist wichtig, da es ermöglicht, Kundenprobleme zu identifizieren, zu lösen und die Kundenzufriedenheit wiederherzustellen. Indem auf Beschwerden angemessen und zeitnah reagiert wird, können negative Auswirkungen auf das Unternehmensimage und die Kundenbindung minimiert werden.

Frage 4:

1. Betreffzeile: Kurze, ansprechende Betreffzeile, die das Interesse der Leser weckt.
2. Persönliche Begrüßung der Leser mit Namen.
3. Vorstellung neuer Produkte, Dienstleistungen oder Angebote z. B. mit Rabatt, Gewinnspiel.
4. Praktische Tipps, Ratschläge oder Anleitungen, die den Lesern einen Mehrwert bieten.
5. Positive Kundenbewertungen oder Erfahrungsberichte.
6. Spezielle Angebote oder Rabatte für Newsletter-Abonnenten.
7. Call-to-Action: Klare Handlungsaufforderung. Verlinkung zu relevanten Landing Pages, Online-Shopseiten oder Social-Media-Kanälen.
8. Abschluss und Kontaktdaten: Freundlicher Abschluss.
9. Option zur Abmeldung.

Es ist wichtig, den Newsletter ansprechend, informativ und relevant für die Leser zu gestalten, um ihre Aufmerksamkeit zu gewinnen und die Kundenbindung zu stärken.

Frage 5:

Hinweis auf den Newsletter prominent auf der eigenen Homepage platzieren.
Hochwertige Inhalte wie z. B. Ratgeber, Checklisten im Newsletter veröffentlichen.
Link auch im Footer der Website / Unterseiten einfügen.
Beiträge in passenden Blogs und Foren mit Link zum Newsletter erstellen.
Mit Gewinnspielen Aufmerksamkeit erzeugen.
Werbung oder Kooperationen mit anderen Newslettern.
Newsletter Anmeldung auch in Social Media Kanäle einbinden.
A/B-Tests durchführen: Führen Sie Tests durch, um verschiedene Anmeldeformulare, Call-to-Action-Buttons oder Angebote zu testen.

Frage 6: Virales Marketing ist eine Marketing-Methode, eine (originelle) Botschaft in kürzester Zeit (wie ein Virus) zu verbreiten. Bei „Viral-Marketing-Kampagnen" wird der Mensch motiviert, die Botschaft freiwillig weiter zu leiten. Dies geschieht häufig über soziale Medien (Facebook, Instagram, Twitter …) und per E-Mail.

Frage 7: Customer Journey definiert die einzelnen Phasen, die ein Kunde durchläuft, bevor er sich für den Kauf eines Produktes entscheidet. Es werden alle Berührungspunkte (Touchpoints) eines potentiellen Käufers mit einem Produkt / Marke / Dienstleistung festgehalten.

Frage 8:

Multi-Channel-Strategie: Ein Verkäufer nutzt verschiedene Wege, seine Waren zu verkaufen, z. B. über ein Ladengeschäft, Katalog, Internetshop, App. Die Vertriebskanäle sind unabhängig voneinander organisiert.
Cross-Channel-Strategie: Die verschiedenen Vertriebskanäle sind miteinander verknüpft. So kann der Kunde z. B. online prüfen, ob die Ware im Geschäft verfügbar ist oder die Ware kann nach dem Onlinekauf im Ladengeschäft abgeholt werden.
Omni-Channel-Strategie: Weiterentwicklung der Cross-Channel-Strategie. Alle Kanäle arbeiten zusammen, um das Verkaufsziel zu erreichen. Die Kundendaten werden z. B. gemeinsam verwaltet und ausgewertet. So kann der Kunde auf allen Kanälen angesprochen werden.

Frage 9: Die **kundenindividuelle Ansprache** bezieht sich auf die Anpassung der Kommunikation basierend auf spezifischen Informationen, die Sie über diese Person haben.

Solche Informationen können z. B. sein: Interessen, Kaufhistorie, Verhaltensmuster, demografische Informationen, Kommunikationspräferenzen

Die Idee hinter der **kundenindividuellen Ansprache** ist, dass Menschen eher auf Nachrichten reagieren, die direkt auf sie zugeschnitten sind, als auf allgemeine oder standardisierte Nachrichten. So könnten potenziell bessere Geschäftsergebnisse erzielt werden, wie z. B. höhere Kundenzufriedenheit, verbesserte Kundenbindung und höhere Verkaufszahlen.

Frage 10: Immer mehr Handel findet über mobile Endgeräte wie Smartphones oder Tablets statt. Ein Internetshop muss entsprechend aufgebaut sein.

Frage 11:

✓ Verständliche, intuitive Navigation für die kleineren Displays
✓ Schneller Seitenaufbau (geringe Ladezeiten)
✓ Einfacher Bestellvorgang
✓ Gute Suchfunktion
✓ Attraktive Präsentation der Produkte
✓ Einbindung von Kundenbewertungen
✓ Guter Kontrast für Benutzung im Freien

Frage 12:

• SEO - **S**earch **E**ngine **O**ptimization: Durch Optimierungsmaßnahmen der Homepage soll bei bestimmten Suchbegriffen die eigene Homepage möglichst weit oben auf der Ergebnisseite der Suchmaschine (Search Engine Result Page = SERP) erscheinen.

• SEA - **S**earch **E**ngine **A**dvertising: Auf der Suchergebnisseite erscheinen neben den normalen (organischen) Suchergebnissen noch <u>bezahlte Suchergebnisse</u>. Diese Anzeigenplätze werden für die Suchwörter versteigert. Bei den „Google-Ad-Anzeigen" muss der Websitebetreiber für jeden Klick eines Nutzers an Google zahlen.

Frage 13: Affiliate-Marketing ist eine internetgestützte Vertriebsart, bei der ein Anbieter (engl. Merchant oder Advertiser) seinen Vertriebspartnern (engl. Affiliates oder Publisher) Provision anbietet. Der Produktanbieter stellt hierbei Werbemittel zur Verfügung, die der Vertriebspartner auf seinen Websites einbindet.

Die Vergütung kann auf unterschiedliche Weise erfolgen, z. B. Bezahlung bei Kontaktaufnahme (pay per lead), Bezahlung pro Verkauf (pay per sale), … .

Frage 14: Die Conversion Rate (auch Konversionsrate) zeigt das Verhältnis der Websitebesucher zu den Conversions. Eine Conversion kann z. B. ein Kauf, Download oder Newsletteranmeldung sein.

Beispiel: 1000 Besucher einer Website erzeugen 5 Bestellungen. Dann beträgt die Conversion Rate 0,5 %.

Frage 15:

Gesamtumsatz	Anzahl der Verkäufe
Durchschnittliche Warenkorbhöhe	Umsatz nach Zahlarten
Retourenquote	Kosten pro Bestellung
Umsatz nach Regionen (Ländern)	Umsatzverteilung nach Marketingkanälen (Affiliate, E-Mail Marketing, Social Media…)
Anzahl der Besucher (Visits)	Umsatz nach Absatzkanälen (Eigener Shop, Amazon, Ebay …)
Follower und Likes in Sozialen Medien	Klickpfad Statistik (Weg der Besucher)

H. Kundenstruktur, Vertriebskanäle

Situation zu den Fragen 1 - 5
Die DomPro Großhandels GmbH ist ein Unternehmen, das sich auf den Vertrieb von Computern und elektronischen Geräten spezialisiert hat. Das Unternehmen möchte die Kundenstruktur genauer analysieren.

Frage 1: Welches Ziel verfolgt sie damit?

Frage 2: Ein Merkmal der Kundenstruktur soll die Unternehmensgröße sein.
Begründen Sie dies.

Frage 3: Nennen Sie weitere Merkmale einer Kundenstruktur.

Frage 4: Bisher wurden die Produkte hauptsächlich über den eigenen Onlineshop verkauft. Nennen Sie weitere Absatzkanäle. Unterscheiden Sie in direkte und indirekte Absatzkanäle.

Frage 5: Warum wird oft eine Kombination absatzpolitischer Instrumente verwendet?

Situation zu den Fragen 6 - 8
Um bereits erfolgreich am Markt eingeführte Produkte weiter zu verbreiten wird von einigen Firmen Franchising genutzt.

Frage 6: Nennen Sie 5 wesentliche Merkmale eines Franchise-Systems.

Frage 7: Welche Vorteile hat der Franchisegeber?

Frage 8: Welche Vorteile hat der Franchisenehmer?

Frage 9: Ordnen Sie die Kurzbeschreibung entsprechend zu.

1. Arbeitet im Namen und auf Rechnung des Arbeitgebers und ist somit ein Angestellter des Unternehmens.	a) Handelsvertreter
2. Die (regionale) Nutzung eines Geschäftskonzeptes wird gegen Entgelt zur Verfügung gestellt.	b) Kommissionär
3. Selbstständiger Gewerbetreibender, der damit beauftragt ist, für einen anderen oder mehrere andere Unternehmer Geschäfte zu vermitteln / abzuschließen.	c) Handelsmakler
4. Ein selbstständiger Kaufmann, der Waren nicht auf eigene Rechnung verkauft, sondern gegen eine Provision ausstellt und verkauft.	d) Handelsreisender
5. Er übernimmt als selbstständiger Kaufmann die Vermittlung von Verträgen. Er bekommt in der Regel als Lohn eine Courtage von beiden Vertragspartnern.	e) Franchising

Frage 10: Was ist ein Rackjobber?

Situation zu den Fragen 11 - 13
Petra Rommer ist bei der Dotomo Großhandel OHG für den Onlineshop zuständig.

Frage 11: Was ist unter Pflege des Onlineshops zu verstehen? Nennen Sie dazu passende Maßnahmen.

Frage 12: Was gibt es bei der Bestimmung von Pflichtfeldern zu beachten?

Frage 13: Nach Änderungen am Bestellprozess ist die Conversionrate gesunken. Nennen Sie 5 mögliche Ursachen.

Situation zu den Fragen 14 - 15
Die Tobono Großhandel GmbH ist ein etabliertes Unternehmen im Großhandel, das in den letzten Jahren kontinuierlich gewachsen ist. Kürzlich hat das Unternehmen ein neues Produkt, ein innovatives LED-Leuchtmittel, eingeführt. Um das Produkt auf dem Markt einzuführen und den Marktanteil zu erhöhen, plant die Tobono Großhandel GmbH, eine Penetrationsstrategie zu implementieren.

Frage 14: Was ist unter Penetrationsstrategie zu verstehen?

Frage 15: Nenne Vorteile und Nachteile der Penetrationsstrategie.

Lösungen zu Fragenblock H

Frage 1: Die Untersuchung der Kundenstruktur dient dazu, ein besseres Verständnis der Kundenbedürfnisse, -präferenzen und -verhaltensweisen zu gewinnen. Durch die Nutzung dieser Informationen kann das Unternehmen
- effektivere Marketingstrategien entwickeln.
- bessere Angebote schreiben.
- die Kundenzufriedenheit steigern.
- die Kundenbindung stärken.
- letztendlich den Geschäftserfolg steigern.

Frage 2:
- Die Unternehmensgröße beeinflusst meist die Kaufkraft der Kunden.
- Größere Unternehmen haben oft komplexere Anforderungen.
- Potenzielles Umsatzvolumen kann von der Unternehmensgröße abhängen.
- Unterschiedliche Kundenbeziehungen und Entscheidungsprozesse bei großen und kleinen Unternehmen.

Frage 3:

Auftragshöhe	Bonität	Zahlungsmoral
Marktanteil	Marktpotential	Marktstellung

Frage 4:

Direkte Absatzkanäle	Indirekte Absatzkanäle
- Verkaufsbüro - Geschäft / Filiale - Versandabteilung - Reisender - Rackjobber	- Einzelhandel - Handelsvertreter - Franchising - Onlinemarktplätze (z. B. Amazon, E-bay)

Frage 5: Unternehmen können durch eine Kombination aus direkten und indirekten Absatzkanälen ihre Reichweite erhöhen, verschiedene Kundengruppen ansprechen, flexibel bleiben und das Risiko diversifizieren.

Frage 6:
- Franchisegeber und Franchisenehmer arbeiten auf eigene Rechnung und auf eigene Gefahr.
- Es gibt ein erprobtes Konzept.
- Der Marktauftritt ist einheitlich (sowohl bei Eigenbetrieben und Franchisebetrieben).
- Der Franchisegeber stellt sein „Know-how“ zur Verfügung.
- Der Franchisegeber hat das Recht, die Einhaltung der Standards zu kontrollieren.

Frage 7:

Schnelle Marktdurchdringung, Erschließung neuer Standorte.
Wachstum, ohne das eigene Filialnetz auszubauen.
Schonung des Eigenkapitals.
Einnahmen durch Franchisegebühr.
Das wirtschaftliche Risiko wird vom Franchisenehmer getragen.
Kontrollmöglichkeiten des systemkonformen Auftritts des Franchisenehmers.
Personalsuche und Einstellung erfolgt durch den Franchisenehmer.

Frage 8:

Minderung des unternehmerischen Risikos durch ein bewährtes Konzept.
Nutzung der Vorteile eines größeren Unternehmens (Werbung, PR, Aktionen, ...).
Kontrolle des Systems auf Wirtschaftlichkeit, evtl. Hilfestellung.
Fortbildung und Mitarbeiterschulung.
Mitwirkung in Arbeitskreisen / Kommissionen.
Entlastung von administrativen Arbeiten, z. B. Einkauf, Abrechnungen, Buchführung.
Günstige Preise durch Zentraleinkauf.

Frage 9: 1d, 2e, 3a, 4b, 5c

Frage 10: Ein Rackjobber ist ein Großhändler oder Hersteller, dem in Einzelhandelsbetrieben Verkaufsraum oder Regalflächen zur Verfügung gestellt werden. Dort bietet der Rackjobber auf eigene Rechnung Waren an. Er ist für die Verfügbarkeit der Waren verantwortlich. Der Einzelhändler erhält eine Verkaufsprovision.

Frage 11: Die Pflege eines Onlineshops beinhaltet eine Reihe von Aufgaben, die dazu dienen, den Shop aktuell, funktional und ansprechend für Kunden zu halten.

- ✓ Produktmanagement: Hinzufügen, Aktualisieren und Löschen von Produkten.
- ✓ Content-Update: Aktualisierung von Texten und Bildern auf der Website.
- ✓ Aktualisierung des Webdesigns: Überarbeitung von Website-Bannern, Menüs, usw.
- ✓ SEO (Suchmaschinenoptimierung): Optimierung der Website und der Produktbeschreibungen, um besser in Suchmaschinen gefunden zu werden.
- ✓ Performance-Überwachung: Verfolgen von Webseitenleistung und Nutzerverhalten, Beheben technischer Probleme.
- ✓ Kundenservice: Beantwortung von Kundenanfragen, Management von Beschwerden.
- ✓ Sicherheit: Gewährleistung der Sicherheit des Onlineshops, um Kundendaten zu schützen.
- ✓ Promotion und Marketing: Planung und Durchführung von Werbeaktionen, Rabatten und speziellen Events.
- ✓ Compliance: Sicherstellung, dass der Onlineshop die relevanten gesetzlichen Vorschriften und Branchenstandards einhält.

Frage 12: Es ist wichtig, ein ausgewogenes Verhältnis zu schaffen und lediglich unerlässliche Informationen als Pflichtfeld zu bestimmen. Eine übermäßige Anzahl von Pflichtfeldern kann potenzielle Kunden abschrecken und dazu führen, dass sie den Bestellvorgang abbrechen, da sie den Prozess zu aufwendig oder als Eingriff in ihre Privatsphäre empfinden könnten.

Frage 13:

Unattraktives oder verwirrendes Design der Bestellseite
Lange Ladezeiten
Komplizierter oder umständlicher Bestellprozess
Fehlende oder schlecht platzierte Call-to-Action-Schaltflächen
Bedenken hinsichtlich der Sicherheit der Zahlungsinformationen
Schlechte Produktpräsentation oder fehlende Informationen auf der Produktseite
Fehlende Zahlungsoptionen oder Probleme mit den Zahlungsgateways
Änderungen im Kundenverhalten
Probleme mit der Kompatibilität der Bestellseite auf verschiedenen Geräten / Browsern
Fehlende Kundenbewertungen
Konkurrenzdruck und aggressive Angebote anderer Onlinehändler

Frage 14: Eine Penetrationsstrategie ist eine Geschäftsstrategie, bei der ein Unternehmen niedrige Preise für seine Produkte ansetzt, um einen hohen Marktanteil zu erlangen oder zu erhöhen. Das Hauptziel dieser Strategie besteht darin, neue Kunden zu gewinnen, die Wettbewerber zu unterbieten und die Marktdurchdringung zu maximieren. Sobald ein signifikanter Marktanteil erreicht ist, können die Preise erhöht werden.

Frage 15:

Vorteile:	Nachteile:
- Erhöht schnell den Marktanteil. - Wettbewerber werden vom Markt ferngehalten. - Schnelle Förderung der Kundenakzeptanz. - Kann zur Marktführerschaft führen. - Skaleneffekte werden gefördert.	- Geringe Gewinnspanne zu Beginn. - Risiko, dass Kunden auf Preisänderungen reagieren. - Langfristig schwer aufrecht zu erhalten. - Könnte zu einem Preiskrieg führen. - Markenerwartungen in Bezug auf Preis und Wert können beeinflusst werden.

I. Preisbildung und Kalkulation

Frage 1: Der Bezugspreis für die Lieferung beträgt 389,90 €. Die Handlungskosten sind mit 34 % zu berücksichtigen. Wie hoch ist der Selbstkostenpreis?

Frage 2: Der Bezugspreis einer Ware ist 118,00 €. Wie hoch ist der Bruttoverkaufspreis inkl. 19 % USt. Rechnen Sie mit 30 % Handlungskosten und 10 % Gewinn.

Situation zu den Fragen 3 - 4
Ein Fahrradgroßhändler möchte ein Fahrrad zum Verkaufspreis von 199,00 € inkl. USt. anbieten. Er kalkuliert mit Handlungskosten von 30 % und einem Gewinn von 18 %.

Frage 3: Wie hoch ist der Nettoverkaufspreis?

Frage 4: Wie hoch darf der Bezugspreis höchstens sein?

Frage 5: Ein Produkt wird zum Listenverkaufspreis von 14,00 € angeboten. Der Bezugspreis beträgt 5,60 €. Berechnen Sie den Kalkulationsfaktor und den Kalkulationszuschlag.

Situation zu den Fragen 6 - 7
Ein Großhändler bietet eine Ware zum Preis von 1.190,00 € inkl. USt. an.
Der Listenpreis (ohne MwSt) beträgt 650,00 €. Vom Hersteller werden 15 % Rabatt und 2 % Skonto gewährt. Es fallen 14,00 € Bezugskosten und 30 % Handlungskosten an.

Frage 6: Wie hoch ist der Bareinkaufspreis?

Frage 7: Wie hoch ist der Gewinn?

Situation zu den Fragen 8 - 11
Ein Handelsbetrieb vertreibt 4 unterschiedliche Design-Wohnzimmertische. Sie erhalten folgende Daten für das letzte Quartal:

	Tisch A	Tisch B	Tisch C	Tisch D
Verkaufspreis	75,90 €	95,20 €	102,75 €	152,90 €
Variable Kosten pro Tisch	24,86 €	45,58 €	58,68 €	76,85 €
Absatzmenge (Tische)	3500	2750	1950	1230

Frage 8: Wie hoch ist der Deckungsbeitrag für die verschiedenen Tische?

Frage 9: Wie hoch ist der Deckungsbeitrag pro Tisch im Quartal?

Frage 10: Wie hoch ist der Deckungsbeitrag aller Tische im Quartal?

Frage 11: Wie hoch ist der Gewinn für das Quartal, wenn die fixen Kosten pro Monat 125.000,00 € betragen?

Frage 12: Was ist zu verstehen unter Preisdifferenzierung und Preisbündelung?

Frage 13: Die Bezugskosten für ein Produkt betragen 14,00 €. Der Verkaufspreis ist auf 18,00 € festgesetzt. Errechnen Sie die Handelsspanne.

Situation zu den Fragen 14 - 15
Die Ping-Pong AG ist spezialisiert auf die Herstellung und den Verkauf von Tischtennistischen. Zurzeit werden 10800 Tische im Jahr hergestellt. Das Unternehmen ist damit zu 80 % ausgelastet. Der Preis pro Tischtennistisch beträgt 225,00 € netto. Die fixen Kosten im Jahr betragen 1.400.000,00 €. Die variablen Kosten pro Platte sind mit 64,50 € angegeben.

Frage 14: Berechnen Sie die Gewinnschwelle.

Frage 15: Ein Discount-Sportmarkt möchte 150 Tischtennistische zum Preis von 80,50 € bestellen. Lohnt sich der Auftrag für das Unternehmen?

Lösungen zu Fragenblock I

Frage 1:

Bezugspreis	389,90 €
+ 34 % Handlungskosten	132,57 €
Selbstkostenpreis	**522,47 €**

Frage 2:

Bezugspreis	118,00 €
+ 30 % Handlungskosten	35,40 €
Selbstkostenpreis	153,40 €
+ 10 % Gewinn	15,34 €
Nettoverkaufspreis	168,74 €
+ 19 % Umsatzsteuer	32,06 €
Bruttoverkaufspreis	**200,80 €**

Frage 3 und 4:

Bezugspreis	109,02 €
+ 30 % Handlungskosten	32,70 €
Selbstkostenpreis	141,72 €
+ 18 % Gewinn	25,51 €
Nettoverkaufspreis	167,23 €
+ 19 % Umsatzsteuer	31,77 €
Bruttoverkaufspreis	199,00 €

Der Nettoverkaufspreis beträgt **167,23 €.** Der Bezugspreis beträgt **109,02 €**.

Frage 5:

$$\text{Kalkulationsfaktor} = \frac{\text{Listenverkaufspreis}}{\text{Bezugspreis}} = \frac{14{,}00\text{ €}}{5{,}60\text{ €}} = \mathbf{2{,}5}$$

$$\text{Kalkulationszuschlag} = \frac{(\text{Listenverkaufspreis} - \text{Bezugspreis}) \times 100}{\text{Bezugspreis}} = \mathbf{150\ \%}$$

Frage 6 und 7:

Listenpreis	650,00 €
- 15 % Liefererrabatt	97,50 €
Zieleinkaufspreis	552,50 €
- 2 % Skonto	11,05 €
Bareinkaufspreis	541,45 €
+ Bezugskosten	14,00 €
Bezugspreis / Einstandspreis	555,45 €
+ 30 % Handlungskosten	166,64 €
Selbstkostenpreis	722,09 €
+ Gewinn	277,91 €
Nettoverkaufspreis	1.000,00 €
+ 19 % Umsatzsteuer	190,00 €
Bruttoverkaufspreis	1.190,00 €

Der Bareinkaufspreis ist **541,45 €**. Der Gewinn beträgt **277,91 €.**

Frage 8 und 9:

	Tisch A	Tisch B	Tisch C	Tisch D
Verkaufspreis	75,90 €	95,20 €	102,75 €	152,90 €
Variable Kosten pro Tisch	24,86 €	45,58 €	58,68 €	76,85 €
Absatzmenge (Tische)	3500	2750	1950	1230
Deckungsbeitrag pro Tisch	**51,04 €**	**49,62 €**	**44,07 €**	**76,05€**
Deckungsbeitrag Tisch im Quartal	**178.640,00 €**	**136.455,00 €**	**85.936,50 €**	**93.541,50 €**

Frage 10: 178.640,00 € + 136.455,00 € + 85.936,50 € + 93.541,50 € = **494.573,00 €**

Frage 11: 494.573,00 € - 375.000,00 € = **119.573,00 € Gewinn im Quartal**

Frage 12:

- **Preisdifferenzierung:** Für die gleiche Leistung oder das gleiche Produkt werden unterschiedliche Preise verlangt. Mit diesem Instrument der Preisgestaltung versuchen Anbieter die Zahlungsbereitschaft der Nachfrager optimal auszuschöpfen.

- **Preisbündelung:** Hierbei werden verschiedene Produkte zu einem Gesamtpreis angeboten, der günstiger ist, als die Produkte einzeln zu kaufen.

Frage 13:

Rohgewinn = 18,00 € - 14,00 € = 4,00 €

$$\text{Handelsspanne} = \frac{\text{Rohgewinn x 100 \%}}{\text{Verkaufspreis}} = \frac{4{,}00\ € \text{ x } 100\ \%}{18{,}00\ €} = \mathbf{22{,}22\ \%}$$

Frage 14: 225,00 € - 64,50 € = 160,50 € Deckungsbeitrag je Stück

$$\text{Gewinnschwelle} = \frac{\text{Fixkosten gesamt}}{\text{Deckungsbeitrag je Stück}} = \frac{1.400.000{,}00\ €}{160{,}50\ €} = \mathbf{8722{,}74}$$

Frage 15: 80,50 € - 64,50 € = 16,00 €
Der Deckungsbeitrag pro Tischtennistisch beträgt 16,00 €.

Das Betriebsergebnis würde sich um 2400,00 € erhöhen. Somit lohnt sich der Auftrag.

J. Verträge abschließen

Frage 1: Ab wann ist eine Person rechtsfähig?

Frage 2: Benennen Sie Altersgrenzen der verschiedenen Abstufungen der Geschäftsfähigkeit.

Frage 3: Es werden Nichtigkeit und Anfechtbarkeit bei Rechtsgeschäften unterschieden.
Was sind nichtige Rechtsgeschäfte? Wann sind Rechtsgeschäfte anfechtbar?
Nennen Sie jeweils Gründe.

Frage 4: Erklären Sie den Unterschied zwischen Eigentum und Besitz.

Frage 5: Ordnen Sie die Rechtsgeschäfte entsprechend zu.

1) Kündigung der Mietwohnung	
2) Abschluss eines Darlehensvertrages	a) Einseitiges Rechtsgeschäft
3) Abschluss eines Mietvertrages	
4) Erstellen eines Testaments	b) Zweiseitiges Rechtsgeschäft
5) Abschluss eines Kaufvertrages	
6) Anfechtung	

Situation zu den Fragen 6 - 7
Der Tech Großhandel Troller verschickt 45 Küchengroßgeräte per Spedition an den Fachmarkt Elektronik Super wie vertraglich vereinbart. Bei der fristgerechten Ankunft weigerte sich Elektronik Super, die Lieferung ohne einen stichhaltigen Grund anzunehmen. Trotz weiterer Kontaktaufnahme ändert Elektronik Super sein Verhalten nicht.

Frage 6: Welche Voraussetzungen müssen vorliegen, damit ein Annahmeverzug vorliegt?

Frage 7: Tech Großhandel Troller lässt die Geräte einlagern. Wer trägt die Kosten für die Einlagerung und einen evtl. neuen Zustellungsversuch?

Situation zu den Fragen 8 - 10
Die Abene Großhandel GmbH hat am 7. Januar 2023 eine Rechnung für gelieferte Waren an die Keno Botom Einzelhandel OHG gesendet. Die Keno Botom Einzelhandel OHG übergeht jedoch diese Rechnung und leistet keine Zahlung. Die Abene Großhandel GmbH schickt in der Folge am 15. März 2023 eine Zahlungserinnerung, die ebenfalls ignoriert wird.

Frage 8: Welche Verjährungsfrist gilt für die Forderung der Abene Großhandel GmbH gegenüber der Keno Botom Einzelhandel OHG.

Frage 9: Wann beginnt die Verjährungsfrist?

Frage 10: Unterscheiden Sie Hemmung und Neubeginn der Verjährung. Bringen Sie Beispiele.

Frage 11: Unterscheiden Sie Stückkauf und Gattungskauf.

Frage 12: Ordnen Sie entsprechend zu.

1. Fixkauf 2. Kauf auf Abruf 3. Spezifikationskauf 4. Zweiseitiger Handelskauf 5. Kauf nach Probe 6. Kauf zur Probe	a) Ein Verkäufer muss eine Ware entsprechend einer festgelegten Probe liefern. b) Beim Vertragsabschluss wird nur Art und Menge der Ware vereinbart. Eine Frist wird festgelegt, nach der der Käufer die Ware näher bestimmen muss. c) Der Liefertermin ist fester Bestandteil des Vertrages. d) Kauf einer größeren Menge, die in Teilmengen geordert wird. e) Beide Vertragspartner sind Kaufleute. f) Kauf einer kleinen Menge mit der Absicht, bei Zufriedenheit eine größere Menge zu erwerben

Frage 13: Erklären Sie die Unterschiede zwischen Gewährleistung, Garantie und Kulanz.

Situation zu den Fragen 14 - 15
Die Kabenus Großhandel GmbH möchte mit einem neuen Onlineshop ihre Waren sowohl gewerblichen Kunden als auch Verbrauchern anbieten.

Frage 14: Käufe von Verbrauchern über das Internet können innerhalb einer bestimmten Frist widerrufen werden. Innerhalb welcher Frist ist dies möglich? Muss ein Grund für den Widerruf genannt werden?

Frage 15: Ordnen Sie zu, ob die folgenden Aussagen beim Onlinehandel richtig oder falsch sind.

1. Die gesetzliche Gewährleistungsfrist bei Verbrauchsgüterkauf beträgt 2 Jahre. 2. Retournierte Ware ist durch den Onlinehändler zu entsorgen und darf nicht nochmals verwendet werden. 3. Wendet sich der Webshop ausschließlich an Gewerbekunden, muss dies deutlich zu sehen sein. 4. Die Widerrufsfrist beginnt zu laufen, wenn der Verbraucher die Ware bestellt hat. 5. Gewerblichen Kunden steht grundsätzlich kein Widerrufsrecht zu. 6. Eine Verlängerung der Widerrufsfrist gegenüber Verbrauchern ist nicht zulässig.	a) Die Aussage ist richtig b) Die Aussage ist falsch

Lösungen zu Fragenblock J

Frage 1: Mit der Vollendung der Geburt beginnt die Rechtsfähigkeit.

Frage 2:

Geschäftsunfähig	Beschränkt geschäftsfähig	Voll geschäftsfähig
Geburt bis 7. Lebensjahr	7. bis 18. Lebensjahr	Ab dem vollendeten 18. Lebensjahr

Frage 3:
Nichtige Rechtsgeschäfte sind von Anfang an ungültig. Sie gelten als nicht abgeschlossen.
Beispiele:
- Verstoß gegen Formvorschriften, z. B. Grundstückskauf ohne notarielle Beurkundung.
- Scherzgeschäft, z. B. Verkauf eines Grundstücks auf dem Saturn.
- Rechtsgeschäfte mit Geschäftsunfähigen, z. B. 6-jähriger Junge kauft ein Notebook.
- Verstoß gegen Strafgesetze, z. B. Drogenhandel.

Ein gültiges Rechtsgeschäft wird durch Anfechtung unwirksam.

Anfechtungsgrund	Beispiele
Irrtum in der Erklärung	Eine Ladenbesitzerin bestellt statt 100 Mützen 1000 Mützen.
Irrtum in der Übermittlung	Eine Ladenbesitzerin beauftragt einen Mitarbeiter mit der Bestellung. Der Mitarbeiter gibt die Bestellung nicht richtig weiter.
Irrtum über die wesentliche Eigenschaft einer Sache oder Person	Nach dem Kauf einer antiken Standuhr aus dem 18. Jahrhundert stellt sich heraus, dass es sich nur um einen Nachbau handelt.
Widerrechtliche Drohung	Eine ältere Dame wird gezwungen, ein Abo abzuschließen, da ihr sonst etwas passieren könnte.
Arglistige Täuschung	Ein Kunde kauft von einem Händler ein unfallfreies Auto. Später stellt sich heraus, dass der Wagen einen schweren Verkehrsunfall hatte.

Frage 4: Der **Eigentümer** hat die rechtliche Herrschaft über eine Sache, z. B. die Leihwagenfirma. Der **Besitzer** hat die tatsächliche Herrschaft einer Sache, z. B. der Mieter des Leihwagens.

Frage 5: 1a, 2b, 3b, 4a, 5b, 6a

Frage 6:
✓ Die Leistung wird rechtzeitig und ordnungsgemäß vom Schuldner angeboten.
✓ Die Leistung wird vollständig und mangelfrei angeboten.
✓ Der Gläubiger nimmt die Leistung nicht an oder unterlässt die erforderliche Mithilfe zur Annahme.

Frage 7: Die Kosten (und das Risiko) der Einlagerung trägt die Firma Elektronik Super. Auch die Kosten für eine erneute Zustellung sind von Elektronik Super zu tragen.

Frage 8: Die Verjährungsfrist für die Forderung der Abene Großhandel GmbH gegenüber der Keno Botom Einzelhandel OHG beträgt drei Jahre.

Frage 9: Die Verjährungsfrist beginnt in der Regel mit dem Ende des Jahres, in dem der Anspruch entstanden ist. In diesem Fall am 31.12.2023.

Frage 10:
Hemmung: Der Zeitraum, der bei der Verjährung gehemmt ist, verlängert den normalen Verjährungszeitraum entsprechend.

Neubeginn: Die Verjährung beginnt von vorne.

Hemmung (Beispiele)	Neubeginn (Beispiele)
- Zustellung des Mahnbescheides - Erhebung der Klage - Anmeldung von Ansprüchen im Insolvenzverfahren - Vollstreckungsbescheid	- Der Schuldner erkennt den Anspruch an, z. B. durch Abschlagszahlung, Zinszahlung. - Gerichtliche Vollstreckungshandlung

Frage 11: Bei Stückkauf geht es um eine konkrete, einzigartige Sache, z. B. ein bestimmtes Einzelstück, das sich leicht von anderen unterscheiden lässt (nicht vertretbare Ware). Beispiele: Ein bestimmtes Kunstwerk, ein bestimmtes gebrauchtes Kfz mit Kratzer am Heck.

Bei Gattungskauf ist Produkttyp oder -kategorie festgelegt, nicht das spezifische Produkt (vertretbare Ware). Die Auswahl des einzelnen Kaufgegenstands aus der Gattung trifft der Verkäufer. Beispiel: Kauf einer bestimmten Menge Getreide.

Frage 12: 1c, 2d, 3b, 4e, 5a, 6f

Frage 13:

Gewährleistung:	Gesetzliche Verpflichtung des Verkäufers, die Kaufsache in fehlerfreiem Zustand zu übergeben. Auftretende Fehler berechtigen den Käufer, sog. Rechte auf Nacherfüllung (z. B. Reparatur) geltend zu machen.
Garantie:	Freiwilliges Versprechen eines Verkäufers, für bestimmte Fehler einzustehen und diese nachzubessern. Im Unterschied zur Gewährleistung bezieht sich die Garantie auch auf Fehler, die erst nach der Übergabe auftreten.
Kulanz:	Entgegenkommen des Verkäufers bei auftretenden Mängeln nach Ablauf einer Gewährleistungs- / Garantiezeit, z. B. Beteiligung an Reparaturen.

Frage 14: Der Widerruf ist innerhalb von 14 Tagen ohne Angabe von Gründen möglich.

Frage 15: 1a, 2b. 3a, 4b, 5a, 6b

K. Auslandshandel

Situation zu den Fragen 1 - 4
Die Top-Tischtennis AG in Hamburg hat einen Auftrag aus den USA bekommen. Dort ist man interessiert 500 Tischtennisplatten zu kaufen. Der Preis inkl. 15 % Rabatt beträgt 158,00 € und wurde akzeptiert. Als Lieferbedingung wurde CIF mit New York als Zielhafen vereinbart.

Frage 1: Was bedeutet die Lieferbedingung CIF?

Frage 2: Es soll in USD fakturiert werden. Wie lautet der Rechnungsbetrag in USD bei einem Kurs 1,22 (1 € =1,22 USD)?

Frage 3: Welche Risiken sind für die Top-Tischtennis AG generell bei einem Auslandsgeschäft vorhanden?

Frage 4: Für weitere Geschäfte in die USA soll das Währungsrisiko abgesichert werden. Nennen Sie dazu 3 Möglichkeiten.

Frage 5: Was ist unter „indirektem Export" zu verstehen?

Frage 6: Was ist eine Freihandelszone?

Frage 7: Was ist die WTO und welche Hauptziele verfolgt sie?

Frage 8: Welche rechtliche und wirtschaftliche Bedeutung hat ein Konnossement?

Situation zu den Fragen 9 - 11
Die Neustädter Maschinenbau AG schließt folgende Vereinbarungen mit verschiedenen Kunden im Ausland ab. Erklären Sie kurz die Bedeutung.

Frage 9: Die Zahlung erfolgt gegen Übergabe der Versandpapiere durch ein zum Einzug beauftragtes Kreditinstitut.

Frage 10: Documents against acceptance, d/a

Frage 11: Der Käufer hat dafür Sorge zu tragen, dass sich je ein Kreditinstitut in seinem Land und im Land des Exporteurs unwiderruflich dazu verpflichten, bei Vorlage ordnungsgemäßer Dokumente zu zahlen.

Frage 12: Beschreiben Sie kurz den Ablauf eines einfachen Dokumentenakkreditivs.

Frage 13: Welche Wirkung hat die Anhebung von Einfuhrzöllen? Was soll damit erreicht werden?

Frage 14: Erklären Sie folgende Zollverfahren:

Zollabfertigung zum freien Verkehr	Zollabfertigung zum besonderen Verkehr

Lösungen zu Fragenblock K

Frage 1: CIF = Kosten, Versicherung und Fracht bis zum Bestimmungshafen
(**C**ost **I**nsurance **F**reight)

Frage 2: 500 Tischtennisplatten x 158,00 € = 79.000,00 €

1,00 €	=	1,22 USD		
79.000,00 €	=	X	$X = \frac{1{,}22 \text{ USD} \times 79.000{,}00 \text{ €}}{1{,}00 \text{ €}}$	= **96.380,00 USD**

Frage 3:

Politisches Risiko: z. B. Unruhen, Kriege
Wechselkursrisiko: z. B. Wechselkurs sinkt.
Zahlungsrisiko: z. B. Schwierigkeiten des Käufers
Transportrisiko: z. B. Beschädigungen beim Transport
Risiko der Warenannahme: z. B. Käufer verweigert Annahme.

Frage 4:
- Rechnungsstellung in Inlandswährung (Euro)
- Vereinbarung einer Vorauszahlung
- Kurssicherungsgeschäfte (z. B. Devisentermingeschäfte)

Frage 5: Beim indirekten Export verkauft der inländische Hersteller seine Waren an einen inländischen Exporthändler. Für den Hersteller stellt sich in diesem Fall das Exportgeschäft als reines Inlandsgeschäft dar. Es entfallen somit viele Risiken (z. B. Währungsrisiko, Transportrisiko). Zudem muss keine eigene Exportabteilung unterhalten werden.

Frage 6: Ein Gebiet, innerhalb dessen die Mitgliedsländer den Warenverkehr mengenmäßig nicht begrenzen und auch untereinander keine Zölle erheben. Im Verhältnis zu Staaten außerhalb der Freihandelszone bleibt die jeweilige Zollautonomie des einzelnen Landes erhalten.

Frage 7: Die WTO (**W**orld **T**rade **O**rganisation) ist ein weltweites Handels- und Wirtschaftsabkommen mit Sitz in Genf. Die WTO - Mitglieder erwirtschaften mehr als 90 % des Welthandelsvolumens.

Die Hauptaufgaben sind:
- Koordination der Wirtschaftspolitik der Mitgliedstaaten (z. B. Abbau von Zöllen)
- Streitentscheidung zwischen den Mitgliedern
- Zusammenarbeit mit anderen internationalen Organisationen

Frage 8: Mit dem Konnossement bestätigt der Verfrachter, dass er die Ladung zur Beförderung übernommen hat. Bei der Übergabe des Konnossements an den Importeur wird dieser Eigentümer der Ware. Das Konnossement ist ein Warenwertpapier. Es repräsentiert die verschifften Güter und ist somit auch ein Sicherungsmittel zur Finanzierung des Geschäftes.

Frage 9: Dokumenteninkasso gegen Zahlung. Der Importeur zahlt bei seiner Bank und erhält die Dokumente. Der Betrag wird an die Bank des Exporteurs weitergeleitet. Der Importeur kann mit den Dokumenten die Ware abholen.

Frage 10: Dokumente gegen Akzept. Die Dokumente werden gegen ein Bankakzept des Importeurs ausgehändigt. Der Exporteur reicht den Wechsel bei seiner Bank ein.

Frage 11: Unwiderrufliches, bestätigtes Dokumentenakkreditiv. Das Zahlungsversprechen der Exportbank gewährleistet die Zahlung.

Frage 12:

1. Exporteur und Importeur schließen einen Kaufvertrag ab und vereinbaren als Zahlungsbedingung Dokumentenakkreditiv.
2. Akkreditiv-Eröffnungsauftrag des Importeurs an seine Bank.
3. Übersendung des Akkreditiv-Eröffnungsschreibens an die avisierende Bank.
4. Avisierungsschreiben an den Exporteur.
5. Einreichung der Dokumente bei avisierender Bank (Zahlstelle) nach erfolgter Lieferung.
6. Nach Prüfung der Dokumente und Feststellung der Übereinstimmung mit den Akkreditivbedingungen, Auszahlung an den Exporteur. Gleichzeitige Übersendung der Dokumente seitens der avisierenden Bank an die Akkreditivbank unter Belastung des Dokumentengegenwerts sowie ihrer Gebühren und Spesen.
7. Übersendung der Dokumente seitens der Akkreditivbank an den Importeur unter Belastung seines Kontos mit dem Dokumentengegenwert sowie den Gebühren und Spesen der beteiligten Banken.

Frage 13: Durch höhere Zölle werden ausländische Waren verteuert.

Ziele können sein:
- Schutz der inländischen Produzenten
- Beeinträchtigung des Wettbewerbs
- Strafzölle gegen Dumpinglöhne oder Staatssubventionen

Frage 14:

Zollabfertigung zum freien Verkehr
Dieses Verfahren ermöglicht die freie Verfügung über die eingeführten Waren. Dieses Verfahren verleiht einer Nichtgemeinschaftsware den zollrechtlichen Status einer Gemeinschaftsware, sobald die Waren von der Zollstelle überlassen worden sind.

Zollabfertigung zum besonderen Verkehr
Aus wirtschaftspolitischen Überlegungen (z. B. beim vergünstigten Bezug von Rohstoffen für die Verarbeitungsindustrie) sind für Waren mit einem speziellen Verwendungszweck ermäßigte Zollsätze bis hin zum Zollsatz "frei" vorgesehen. In diesen Fällen bleibt die Ware auch nach der Abfertigung unter zollamtlicher Überwachung, um sicherzustellen, dass sie tatsächlich dieser besonderen Verwendung zugeführt wird.

L. Rückabwicklung und Distribution

Situation zu den Fragen 1 - 3
Die Kanus Großhandel GmbH hat in den letzten Monaten einen ungewöhnlichen Anstieg von Retouren festgestellt. Die Rücksendungen betreffen sowohl verschiedene Produkte als auch unterschiedliche Kunden. Die Geschäftsführung ist besorgt über die finanziellen und logistischen Auswirkungen dieses Anstiegs und hat das Team beauftragt, das Problem zu untersuchen und präventive Maßnahmen zu identifizieren.

Frage 1: Warum ist Retourenmanagement wichtig?

Frage 2: Nennen Sie Maßnahmen, um die Retourenquote zu verringern.

Frage 3: Der Ablauf der Rücksendung soll verbessert werden. Machen Sie Vorschläge.

Situation zu den Fragen 4 - 8
Sie sind beauftragt, bei der Planung verschiedener Sendungen und der Auswahl der passenden Transportmittel LKW / Bahn / Flugzeug / Schiff mitzuwirken. Begründen Sie Ihre Vorschläge anhand der vorliegenden Informationen.

Frage 4: Es sollen 28,5 t Stahlträger von Ahrensburg (20 km entfernt von Hamburg) nach Hannover transportiert werden.

Frage 5: Für eine Maschine in Wien soll ein relativ leichtes Ersatzteil bis morgen 10.00 Uhr angeliefert werden.

Frage 6: Ein Container ist von Hamburg nach Valladolid (Stadt mit ca. 320.000 Einwohnern im Landesinneren von Spanien) zu transportieren.

Frage 7: Nach welchen Kriterien wird der Verkehrsträger ausgesucht?

Frage 8: Nennen Sie je 5 Vorteile der Verkehrsträger „Straßengüterverkehr" und „Eisenbahnverkehr".

Frage 9: Ein Auszubildender stellt Ihnen Fragen zum Thema Frachtbrief:
- Muss ein Frachtbrief bei einem Transport innerhalb von Deutschland ausgestellt werden?
- Wer erhält eine Ausfertigung?
- Welche Angaben stehen in einem Frachtbrief?

Frage 10: Was ist unter Werkverkehr zu verstehen?

Frage 11: Die Spielwarenfabrik Kindertraum GmbH beauftragt die Spedition Spieltrans Ltd. mit dem Transport von 4 Paletten à 320 kg und 3 Gitterboxen à 410 kg nach Berlin. Auf den regulären Tarif von 587,00 € werden 10 % Stammkundenrabatt gewährt. Für den Tausch werden pro Palette berechnet: Flachpalette: 3,90 € / Gitterboxpalette: 10,50 €. Ermitteln Sie den Rechnungsbetrag inkl. 19 % USt.

Situation zu den Fragen 12 - 13
Die Frisch Großmarkt GmbH setzt eigene LKW zur Belieferung der Kunden ein.
Es werden täglich 8 bis 10 Kunden beliefert.

Frage 12: Was ist bei der Tourenplanung zu berücksichtigen? Nennen Sie 6 Punkte.

Frage 13: Nennen Sie 3 Vorteile und 3 Nachteile der werkseigenen Beförderung.

Frage 14: Erklären Sie einem Kunden folgende Techniken der Sendungsverfolgung.

Tracking	Tracing	RFID	Schnittstellenkontrolle nach ADSp

Frage 15: Die Maschinenbau AG liefert an einen Kunden in Hildesheim Ersatz- und Zubehörteile für Bagger. Die Teile haben ein Gewicht von 3480 kg und werden auf 5 Euro-Paletten mit je 20 kg Eigengewicht verladen. Die Entfernung beträgt 148 km. Berechnen Sie den Bruttofrachtpreis inkl. Umsatzsteuer laut Preisliste.

Preisliste ohne USt / Das Gewicht wird kg-genau berücksichtigt.

Preis pro t	ab 3 t	ab 4 t	ab 5 t	ab 6 t	ab 7 t	ab 8 t
bis 110 km	90,11	69,55	57,20	48,96	43,06	38,62
bis 120 km	96,07	74,12	60,94	52,14	45,85	41,11
bis 130 km	101,85	78,55	64,57	55,23	48,55	43,53
bis 140 km	107,45	82,85	68,08	58,23	51,18	45,87
bis 150 km	112,89	87,03	71,50	61,14	53,73	48,16
bis 160 m	118,19	91,10	74,83	63,98	56,21	50,38
bis 170 km	123,33	95,05	78,07	66,74	58,63	52,55

Lösungen zu Fragenblock L

Frage 1:

- Kosten minimieren: Retouren verursachen zusätzliche Kosten, etwa für den Rücktransport, die Warenprüfung, die Lagerung und ggf. die Reparatur oder Entsorgung der Artikel.
- Kundenzufriedenheit: Ein effektives Retourenmanagement kann zur Kundenzufriedenheit und Kundenbindung beitragen. Ein problemloser Retourenprozess verbessert das Kundenerlebnis.
- Qualitätskontrolle: Retouren können auf Qualitätsprobleme mit den Produkten hinweisen.
- Nachhaltigkeit: Abfall wird reduziert und Ressourcen geschont.
- Lagerbestandsmanagement: Ein unkontrollierter Anstieg von Retouren kann zu Überständen und Platzproblemen im Lager führen.

Frage 2:

Aussagekräftige Beschreibungen und Produktbilder
Beratungsangebote für die Kunden (z. B. Hotline, Chat ...)
Vermeidung von falschen Erwartungen (irreführende Werbung)
(virtuelle) Proben
Testberichte
Kundenbewertungen
Stabile und angemessene Verpackung
Qualitätskontrolle vor dem Versand

Frage 3:

✓ Bereitstellung von vorfrankierten Rücksendeetiketten / Online-Rücksendeetikett
✓ Klare Kommunikation der Rücksendungsprozesse
✓ Schnelle Bearbeitung von Retouren
✓ System zur Verfolgung von Retouren
✓ Durchführung einer Qualitätskontrolle bei Retouren
✓ Effektives Lagermanagement
✓ Strategien zur Wiederverwendung, Wiederverkauf oder Recycling von Retouren

Frage 4: Transport per LKW von Ahrensburg nach Hannover. Die Orte liegen nicht weit auseinander. Die Stahlträger lassen sich vom Gewicht gut per LKW transportieren, wenn die Maße stimmen.

Frage 5: Transport per Flugzeug. Es steht nicht viel Zeit zur Verfügung und das Gewicht ist relativ gering. Dies ist günstig, da der Transport per Flugzeug pro kg relativ teuer ist.

Frage 6: Transport per Bahn oder LKW. Auch eine Kombination von Schiff und LKW wäre möglich. Hier kann der Preis eine große Rolle spielen.

Frage 7:

Sicherheit	Pünktlichkeit / Zuverlässigkeit	Preis
Dauer des Transportes	Umweltaspekte	Gesetzliche Vorschriften
Warenbehandlung	Beweglichkeit (z. B. Stadt)	Kapazität

Frage 8:

Straßengüterverkehr	Eisenbahnverkehr
Direktverkehr (Haus zu Haus)	Kostengünstig bei großem Volumen
Kurze Lieferzeiten (schnell)	Unabhängig vom Straßenverkehr (Baustellen, Stau)
Flexibel	Keine Fahrverbote an Sonn- und Feiertagen
Kundenwünsche können leicht berücksichtigt werden.	Spezialtransporte für schwere, überbreite Produkte
Relativ günstig bei kleinem und mittlerem Volumen.	Hohe Sicherheit
	Umweltfreundlich

Frage 9: Die Ausstellung eines Frachtbriefes ist im Inland nicht vorgeschrieben. Der Frachtführer kann aber vom Absender die Ausstellung eines Frachtbriefes verlangen. Im internationalen Verkehr ist ein Frachtbrief gesetzlich vorgeschrieben.

Ausfertigungen des Frachtbriefes erhalten:
1. Absender
2. Transport begleitend
3. Frachtführer

Angaben im Frachtbrief:
- ✓ Ort und Tag der Ausstellung
- ✓ Name und Anschrift des Absenders
- ✓ Name und Anschrift des Frachtführers
- ✓ Stelle und Tag der Übernahme des Gutes sowie die für die Ablieferung vorgesehene Stelle
- ✓ Name und Anschrift des Empfängers und eine etwaige Meldeadresse
- ✓ Die übliche Bezeichnung der Art des Gutes und die Art der Verpackung
- ✓ Bei gefährlichen Gütern ihre nach den Gefahrgutvorschriften vorgesehene, sonst ihre allgemein anerkannte Bezeichnung
- ✓ Anzahl, Zeichen und Nummern der Frachtstücke (Kolli)

Frage 10: Werkverkehr ist die Beförderung von Gütern, die eigenen Zwecken dienen. Die eingesetzten, betriebseigenen Kraftfahrzeuge werden vom eigenen Personal gesteuert.

Frage 11:

Tarif	587,00 €
- 10 % Rabatt	58,70 €
+ Tauschgebühr 4 Paletten	15,60 €
+ Tauschgebühr 3 Gitterboxen	31,50 €
Rechnungsbetrag netto	575,40 €
+ 19 % Umsatzsteuer	109,33 €
Rechnungsbetrag brutto	**684,73 €**

Frage 12:

Fahrtkosten sind möglichst gering zu halten.
Rationelle Beladung (Ladung der ersten Kunden muss leicht entnehmbar sein.)
Reihenfolge der Belieferung
Öffnungszeiten der Kunden (Anlieferungszeiten)
Ruhezeiten der Fahrer
Optimierung der Strecke (Autobahn, Ortsdurchfahrten)

Frage 13:

Vorteile	Nachteile
Unabhängigkeit von fremden Unternehmen.	Eigener Fuhrpark ist kostenintensiv.
Lieferung kann flexibler erfolgen.	Leerfahrten möglich.
Lieferung erfolgt durch eigene, geschulte Mitarbeiter/-innen.	Transport gehört nicht zum Kerngeschäft.

Frage 14:

Tracking: Verfolgung des aktuellen Aufenthaltsortes des Versandstückes.
Tracing: Nachträgliche Darstellung des Versandweges (Rückverfolgung).
RFID (Radio Frequency Identification)**:** Identifizierung mit Hilfe elektromagnetischer Wellen bezeichnet eine Technologie für Sender-Empfänger-Systeme zum automatischen und berührungslosen Identifizieren und Lokalisieren von Objekten mit Radiowellen.
Schnittstellenkontrolle nach ADSp: Schnittstellenkontrollen müssen beispielsweise gemäß Ziffer 7 ADSp (Allgemeine Deutsche Spediteurbedingungen) immer beim Wechsel von einer Rechtsperson und am Ende jeder Beförderungsstrecke durchgeführt werden. Im Schadensfall muss auf Verlangen des Versenders eine entsprechende Dokumentation vorgelegt werden.

Frage 15:
3480 kg + 100 kg Verpackung = 3580 kg Bruttogewicht

Kosten laut Tabelle (bis 150 kg / ab 3 t) = 112,89 € pro t
112,89 € x 3,580 t = 404,15 € netto

404,15 € + 19 % Umsatzsteuer (76,79 €) = **480,94 € Bruttopreis**

M. Fachrechnen

Frage 1: In einem Logistiklager ist eine Lieferung eingetroffen. Das Bruttogewicht dieser Lieferung beträgt 2,375 Tonnen. Um das genaue Nettogewicht zu ermitteln, muss das Gewicht der Tara berücksichtigt werden. Die Tara entspricht 8,2 % des Nettogewichts. Ermitteln Sie das Nettogewicht.

Situation zu den Fragen 2 - 3
Eine Frachtsendung besteht aus folgenden Einheiten:
- 6 Paletten à 620 kg
- 1 Palette à 570 kg
- 5 Gitterboxen à 370 kg
- 1 Holzkiste à 285 kg mit den Maßen 1,50 m x 1,20 m x 0,80 m
  (Sperrgut: 0,2 t pro angefangenem m^3)

Frage 2: Wie hoch ist das frachtpflichte Gewicht der Sendung in kg?

Frage 3: Welcher Frachtbetrag (brutto) wird berechnet, wenn ein Nachlass von 10 % auf den Haustarif von 630,80 € (netto) vereinbart wurde?

Frage 4: Folgende Monatsumsätze wurden durch die Verkäufer/-innen erzielt:

Herr Müller: 36.560,00 €
Frau Mikowitz: 60.758,00 €
Frau Bollmann: 82.638,50 €
Frau Hagen: 50.950,50 €

Wie hoch war der Durchschnittsumsatz?

Frage 5: Die Goma Großhandel GmbH hat ihren Umsatz um 7,5 Prozent auf jetzt 75.350,00 € steigern können. Wie hoch war der Umsatz vor der Steigerung?

Frage 6: Für die Strecke von Hamburg nach Frankfurt a. M. (493 km) braucht ein LKW 160,5 Liter Diesel. Wie hoch sind die Treibstoffkosten pro 100 km, wenn von einem Preis von 1,24 € pro Liter ausgegangen wird?

Frage 7: Eine Versandsendung mit 30 Kisten ist fertig zu machen. Dafür brauchen 3 Fachkräfte je 10 Stunden bei einer täglichen Arbeitszeit von 7 Stunden. Wie lange würden 5 Fachkräfte für 40 Kisten brauchen?

Situation zu den Fragen 8 - 9
Bei dem Mandelwind Großhandel OGG wird die 500 g Packung Erdbeermilch für 0,54 € eingekauft und ein Kalkulationszuschlag von 45 % angewandt.

Frage 8: Wie hoch ist der normale Verkaufspreis?

Frage 9: Weil das Mindesthaltbarkeitsdatum näher rückt, soll die Erdbeermilch für 0,60 € verkauft werden. Wie hoch ist der Kalkulationszuschlag in Prozent für das Sonderangebot?

Situation zu den Fragen 10 - 12
Das Kaufhaus Sonne reduziert seine Polohemden der Marke Emso von 39,95 € auf 29,95 €. Zum normalen Preis wurden 48 Stück verkauft. Nach der Reduzierung wurden 102 Stück verkauft.

Frage 10: Wie hoch ist der Gesamtumsatz brutto (mit Umsatzsteuer)?

Frage 11: Wie hoch ist der Gesamtumsatz netto (ohne Umsatzsteuer)?

Frage 12: Wie hoch ist die Preisreduzierung in Prozent? Runden Sie auf 2 Stellen hinter dem Komma.

Situation zu den Fragen 13 - 14
Die High Mountain Bike Großhandel AG beliefert den Fachhandel und verkauft Rennräder und Zubehör als Handelsware über den eigenen Onlineshop an Endkunden.

Frage 13: Der Bezugspreis einer hochwertigen Fahrradtasche beträgt 26,00 €. Wie hoch ist der Bruttoverkaufspreis inkl. 19 % USt? Rechnen Sie mit 30 % Handlungskosten und 15 % Gewinn.

Frage 14: Eine Fahrradklingel wird im Onlineshop für 2,50 € netto angeboten. Die Handelsspanne liegt bei 30 %. Wie hoch ist der Einkaufspreis?

Frage 15: Zur Bestandergänzung benötigt der Stahlgroßhandel Wegener GmbH 24 Tonnen Stahlbleche. Der Bezugspreis pro Tonne Stahlblech des Stammlieferanten Fritz Stahl GmbH beträgt 875,00 €. Es soll ein weiteres Angebot eingeholt werden.

Sie erhalten folgendes Angebot der Firma Müller Stahl AG:
Preis pro Tonne: 850,00 €
Mengenrabatt bei Abnahme über 10 Tonnen: 8 %
Skonto: 2 % bei Zahlung innerhalb von 14 Tage
Für die Lieferung per LKW werden 650,00 € berechnet.

Welches Angebot ist günstiger?

Lösungen zu Fragenblock M

Frage 1:

108,2 % = 2375 kg
100 % = X

$X = \frac{2375 \text{ kg} \times 100\ \%}{108{,}2\ \%}$ **X = 2195,009 kg**

Frage 2:

6 Paletten x 620 kg	= 3720 kg
1 Palette x 570 kg	= 570 kg
5 Gitterboxen x 370 kg	= 1850 kg
1 Holzkiste 1,5 x 1,2 x 0,8 = 1,44 m³ / Sperrigkeit 2 x 200 kg	= 400 kg
Frachtpflichtiges Gewicht	**6540 kg**

Frage 3:

Haustarif	630,80 €
- 10 % Nachlass	63,08 €
Rechnungsbetrag netto	567,72 €
+ 19 % Umsatzsteuer	107,87 €
Rechnungsbetrag brutto	**675,59 €**

Frage 4:

36.560,00 € + 60.758,00 € + 82.638,50 € + 50.950,50 € = 230.907,00 €
230.907,00 € : 4 = **57.726,75 €**

Frage 5:

107,5 % = 75.350,00 €
100 % = X

$X = \frac{75.350{,}00\ € \times 100\ \%}{107{,}50\ \%}$ **X = 70.093,02 €**

Frage 6:

493 km = 160,5 Liter
100 km = x

$X = \frac{160{,}5 \text{ Liter} \times 100 \text{ km}}{493 \text{ km}}$ X = 32,56 Liter Diesel pro 100 km

32,56 Liter x 1,24 € = **40,37 €**

Frage 7:

3 Fachkräfte - 30 Kisten = 10 Stunden
5 Fachkräfte - 40 Kisten = X Stunden

$X = \frac{10 \text{ Stunden} \times 3 \text{ Fachkräfte} \times 40 \text{ Kisten}}{5 \text{ Fachkräfte} \times 30 \text{ Kisten}}$ **= 8 Stunden**

Frage 8:

Einkaufspreis	0,54 €
+ 45 % Kalkulationszuschlag	0,24 €
= Verkaufspreis	**0,78 €**

Frage 9:

0,54 € = 100 %
0,06 € = X

$X = \frac{100\ \% \times 0{,}06\ €}{0{,}54\ €}$

X = **11,11 %**

Frage 10:

48 Polohemden x 39,95 € = 1917,60 €
102 Polohemden x 29,95 € = 3054,90 €
Gesamtumsatz brutto = 4972,50 €

Frage 11:

119 % = 4972,50 €
100 % = X

$X = \frac{4972{,}50\ € \times 100\ \%}{119\ \%}$

= 4178,57 € netto

Frage 12:

39,95 € = 100 %
10,00 € = X

$X = \frac{100\ \% \times 10{,}00\ €}{39{,}95\ €}$

= 25,03 %

Frage 13:

Bezugspreis	26,00 €
+ 30 % Handlungskosten	7,80 €
Selbstkostenpreis	33,80 €
+ 15 % Gewinn	5,07 €
Nettoverkaufspreis	38,87 €
+ 19 % Umsatzsteuer	7,39 €
Bruttoverkaufspreis	**46,26 €**

Frage 14:

Verkaufspreis	2,50 €
- 30 % Handelsspanne	0,75 €
= Einkaufspreis	**1,75 €**

Frage 15:

Listeneinkaufspreis	20.400,00 €
- 8 % Mengenrabatt	1.632,00 €
Zieleinkaufspreis	18.768,00 €
- 2 % Lieferantenkonto	375,36 €
Bareinkaufspreis	18.392,64 €
+ Bezugskosten LKW	650,00 €
Bezugspreis für 24 Tonnen	19.042,64 €

Bezugspreis für 1 Tonne = 793,44 €

Das Angebot der Firma Müller Stahl AG ist günstiger.

III. Wirtschafts- und Sozialkunde

A. Wirtschaftliche Zusammenhänge 1

Frage 1: Was ist unter „Bedarf" zu verstehen? 1 richtige Antwort

a) Bedarf ist das mit Kaufkraft abgedeckte Verlangen nach Gütern zur Befriedigung der Bedürfnisse.
b) Als Bedarf werden Kulturbedürfnisse bezeichnet.
c) Bedarf ist das ohne Kaufkraft abgedeckte Verlangen nach Gütern zur Befriedigung der Bedürfnisse.
d) Bedarf entsteht nur bei der Nachfrage nach Luxusgütern.

Frage 2: Ordnen Sie die Bedürfnisse entsprechend zu.

1. Schutz bei Krankheit 2. Nahrung, Kleidung 3. Bildung 4. Saubere Luft 5. Bücher lesen	a) Grundbedürfnisse b) Sicherheitsbedürfnisse c) Kulturbedürfnisse

Frage 3: Welche der angegebenen Bedürfnisse sind mit hoher Wahrscheinlichkeit Kollektivbedürfnisse? 2 richtige Antworten

a) Durst b) Sicherheit c) Infrastruktur d) Luxusreisen

Situation zu den Fragen 4 - 5
Die Lagerhalle der Neustädter Großhandel GmbH soll renoviert werden. Da sich unter den Lagermitarbeitern ein gelernter Maler befindet, sollen Malerarbeiten ohne Fremdfirma durchgeführt werden.

Frage 4: Bei welchem Beispiel wird nach dem Minimalprinzip gehandelt (Ökonomisches Prinzip)? 1 richtige Antwort

a) Ein Mitarbeiter vergleicht die Preise für Farbe, und kauft beim günstigsten Anbieter.
b) Ein Mitarbeiter kauft für einen bestimmten Betrag so viel Farbe wie möglich.
c) Ein Mitarbeiter holt mindestens 5 verschiedene Angebote ein.
d) Ein Mitarbeiter versucht möglichst viel Farbe für einen möglichst geringen Preis zu kaufen.

Frage 5: Welche Aussage zum Maximalprinzip (Ökonomisches Prinzip) ist richtig? 1 richtige Antwort

a) Mit möglichst geringen Mitteln soll ein bestimmter Ertrag erzielt werden.
b) Mit gegebenen Mitteln soll ein möglichst hoher Ertrag erzielt werden.
c) Mit möglichst geringen Mitteln soll ein möglichst hoher Ertrag erzielt werden.
d) Mit gegebenen Mitteln soll ein gegebener Ertrag erzielt werden.

Frage 6: Was ist der Hauptunterschied zwischen ökonomischen und ökologischen Zielen in einem Unternehmen? 1 richtige Antwort

a) Ökonomische Ziele beziehen sich auf Finanzen, während ökologische Ziele auf Mitarbeiterbeziehungen abzielen.
b) Ökonomische Ziele betreffen die Produktion, während ökologische Ziele die Produktqualität betreffen.
c) Ökonomische Ziele streben nach Gewinnmaximierung, während ökologische Ziele die Nachhaltigkeit und Umweltverträglichkeit fördern.
d) Es gibt keinen Unterschied zwischen ökonomischen und ökologischen Zielen.

Frage 7: Ordnen Sie die Bestimmungsgrößen entsprechend zu.

1. Gewinnerwartung	a) Bestimmungsgröße für das Angebot
2. Preis des Gutes	b) Bestimmungsgröße für die Nachfrage
3. Einschätzung des Nutzens	c) Bestimmungsgröße für Angebot und Nachfrage
4. Einkommen des Konsumenten	
5. Marktsituation	

Situation zu den Fragen 8 - 10
Auf dem Markt treffen für ein Produkt folgende Anbieter und Nachfrager aufeinander:

Anbieter (Mp = Mindestpreis / t)	
A	100 t zum Mp von 60 €
B	80 t zum MP von 55 €
C	60 t zum MP von 50 €
D	50 t zum MP von 45 €
E	40 t zum MP von 40 €

Nachfrager	
F	70 t für max. 35 € / t
G	60 t für max. 40 € / t
H	50 t für max. 45 € / t
I	80 t für max. 50 € / t
J	70 t für max. 55 € / t

Frage 8: Wie hoch ist der Gleichgewichtspreis des Produktes pro t?

Frage 9: Wie viele t werden zum Gleichgewichtspreis umgeschlagen?

Frage 10: Welche Aussagen zum Gleichgewichtspreis sind richtig? 2 richtige Antworten

a) Beim Gleichgewichtspreis sind Angebot und Nachfrage im Gleichgewicht.
b) Wenn das Angebot - bei gleichbleibender Nachfrage - steigt, steigt auch der Gleichgewichtspreis.
c) Wenn das Angebot - bei gleichbleibender Nachfrage - sinkt, sinkt auch der Gleichgewichtspreis.
d) Der Gleichgewichtspreis steigt, wenn die Nachfrage - bei gleichbleibendem Angebot - steigt.

Frage 11: Ordnen Sie die Marktformen entsprechend zu.

1. Ein Anbieter - Viele Nachfrager	a) Angebotsoligopol
2. Wenige Anbieter - Viele Nachfrager	b) Polypol
3. Viele Anbieter - Viele Nachfrager	c) Nachfragemonopol
4. Wenige Anbieter - Wenige Nachfrager	d) Angebotsmonopol
5. Viele Anbieter - Ein Nachfrager	e) Zweiseitiges Oligopol

Situation zu den Fragen 12 - 15
Der Küchengroßhändler Garner Küchen GmbH in Murnau plant eine große Investition. Bei der Entscheidungsfindung soll auch die wirtschaftliche Entwicklung im Land berücksichtigt werden.

Frage 12: Ordnen Sie die Kurzbeschreibungen entsprechend zu.

1. Die Wirtschaftsleistung (BIP) geht zurück. Die Hochkonjunktur schwächt sich ab.	a) Deflation
	b) Expansion
2. Minderung der Kaufkraft des Geldes.	c) Rezession
3. Signifikanter und anhaltender Rückgang des Preisniveaus für Waren und Dienstleistungen.	d) Hochkonjunktur
	e) Inflation
4. Gleichzeitiges Auftreten von wirtschaftlicher Stagnation und Inflation in einer Volkswirtschaft.	f) Stagflation

Frage 13: Wie wird der höchste Punkt eines Konjunkturverlaufes genannt? 1 richtige Antwort

a) Boom b) Expansion c) Rezession d) Depression

Frage 14: Ordnen Sie die Konjunkturindikatoren entsprechend zu.

1. Industrieproduktion	
2. Insolvenzen	a) Frühindikator
3. Einkaufsmanagerindex	b) Präsenzindikator
4. Aktienindex	c) Spätindikator
5. Bruttoinlandsprodukt	

Frage 15: Die Garner GmbH hat Guthaben auf einem Tagesgeldkonto geparkt. Wie wirkt sich hier die Senkung des Leitzinssatzes auf die Guthabenverzinsung aus? 1 richtige Antwort

a) Die Guthabenverzinsung auf dem Tagesgeldkonto bleibt gleich.
b) Die Guthabenzinsen auf dem Tagesgeldkonto werden sinken. Die Bank gibt die Leitzinssenkung weiter, um ihre eigene Zinsmarge zu erhalten.
c) Die Guthabenzinsen auf dem Tagesgeldkonto werden steigen. Die Bank gibt die Leitzinssenkung weiter.

Lösungen zu Fragenblock A

Frage 1: a

Frage 2: 1b, 2a, 3c, 4a, 5c,

Frage 3: b, c

Frage 4: a

Frage 5: b

Frage 6: c

Frage 7: 1a, 2c, 3b, 4b, 5a

Frage 8 und 9:

Preis je t	Angebot in t	Nachfrage in t	Angebot gesamt	Nachfrage gesamt	Volumen in t
35 €	0 t	70 t	0	330	0
40 €	40 t	60 t	40	260	40
45 €	50 t	50 t	90	200	90
50 €	**60 t**	**80 t**	**150**	**150**	**150**
55 €	80 t	70 t	230	70	70
60 €	100 t	0 t	330	0	0

Der Gleichgewichtspreis pro t beträgt **50,00 €.** Es werden **150 t** umgeschlagen.

Frage 10: a, d

Frage 11: 1d, 2a, 3b, 4e, 5c

Frage 12: 1c, 2e, 3a, 4f

Frage 13: a

Frage 14: 1b, 2c, 3a, 4a, 5b

Frage 15: b

B. Wirtschaftliche Zusammenhänge 2

Frage 1: Der Staat möchte in einer konjunkturellen Abschwungphase die Nachfrage nach Konsumgütern steigern. Welche Maßnahme wäre geeignet? 1 richtige Antwort

a) Erhöhung der Kraftfahrzeugsteuer.
b) Senkung der BAföG-Sätze.
c) Einführung einer neuen Sondersteuer.
d) Erhöhung des Kindergeldes.

Frage 2: Welche Auswirkung hat eine sinkende Konjunktur auf den Arbeitsmarkt? 1 richtige Antwort

a) Der Auftragseingang nimmt zu und es werden viele Einstellungen vorgenommen.
b) Die Konjunktur hat keinen Einfluss auf den Arbeitsmarkt.
c) Die Zahl der Arbeitslosen steigt.
d) Die Zahl der Arbeitslosen nimmt ab.

Frage 3: Welche Maßnahmen sind geeignet zur Bekämpfung der Arbeitslosigkeit?

1) Erhöhung der Lohnnebenkosten.	
2) Erhöhung der Löhne und Gehälter, um das Arbeiten attraktiver zu machen.	a) Geeignete Maßnahme
3) Abbau von Überstunden.	b) Nicht geeignete Maßnahme
4) Erhöhung der beruflichen Mobilität von Arbeitssuchenden.	

Frage 4: Was kennzeichnet strukturelle Schwankungen der Wirtschaft? 2 richtige Antworten

a) Sie dauern nur kurz an.
b) Sie sind saisonal bedingt, z. B. in größeren Ferienregionen.
c) Sie sind langfristig.
d) Sie haben große Auswirkungen auf den Arbeitsmarkt.

Frage 5: Welche Aussagen sprechen für einen Käufermarkt? 2 richtige Antworten

a) Beim Käufermarkt ist das Angebot größer als die Nachfrage.
b) Beim Käufermarkt kann der Verkäufer steigende Preise gut durchsetzen.
c) Beim Käufermarkt kann der Verkäufer steigende Preise nicht durchsetzen.
d) Beim Käufermarkt ist die Nachfrage größer als das Angebot.

Frage 6: Was ist unter Inflation zu verstehen? 1 richtige Antwort

a) Unter Inflation ist das Eingreifen der Europäischen Zentralbank zu verstehen.
b) Unter Inflation versteht man ein andauerndes sinkendes Preisniveau.
c) Unter Inflation versteht man den Kaufkraftverlust des Geldes.
d) Unter Inflation ist die Verschuldung des Staates zu verstehen.

Frage 7: Wie kann Inflation entstehen? 2 richtige Antworten

a) Die Geldmenge steigt im Vergleich zu den Produktionsmöglichkeiten einer Volkswirtschaft stärker an.
b) Die Geldmenge sinkt im Vergleich zu den Produktionsmöglichkeiten einer Volkswirtschaft.
c) Durch Lohnerhöhungen, die über den Produktionssteigerungen liegen.
d) Durch Lohnerhöhungen, die unter den Produktionssteigerungen liegen.

Frage 8: Der Euro wird gegenüber dem US Dollar aufgewertet. Welche Folgen hat das, wenn die Preise entsprechend der Wechselkurse angepasst werden? 2 richtige Antworten

a) Deutsche Waren werden in den USA teurer.
b) Deutsche Waren werden in den USA billiger.
c) Amerikanische Waren werden in Deutschland billiger.
d) Amerikanische Waren werden in Deutschland teurer.

Frage 9: Die Europäische Zentralbank senkt die Zinsen. Was will sie damit erreichen? 1 richtige Antwort

a) Investitionen erschweren.
b) Die Konjunktur bremsen.
c) Die Konjunktur ankurbeln.
d) Kredite verteuern.

Frage 10: Welche Auswirkung hat die Verringerung der Geldmenge durch die Europäische Zentralbank? 1 richtige Antwort

a) Erhöhung der Liquidität der Kreditinstitute
b) Steigerung der Nachfrage
c) Anregung zu verstärkten Investitionen
d) Stabilisierung des Preisniveaus

Lösungen zu Fragenblock B

Frage 1: d

Frage 2: c

Frage 3: 1b, 2b, 3a, 4a

Frage 4: c, d

Frage 5: a, c

Frage 6: c

Frage 7: a, c

Frage 8: a, c

Frage 9: c

Frage 10: d

C. Bedeutung des Groß- und Außenhandels

Frage 1: Welche Aufgaben hat der Groß- und Außenhandel im Rahmen der Gesamtwirtschaft? Ordnen Sie die Aufgaben entsprechend zu.

1. Transport der Ware vom Hersteller zum Abnehmer.	a) Mengenausgleich
2. Kauf in größeren Mengen, Verkauf in kleineren Mengen.	b) Veredelung
3. Aus verschiedenen Produkten wird ein Sortiment nach Kundenbedarf erstellt.	c) Markterschließung
4. Fachgerechte Lagerung kann den Warenwert erhöhen, z. B. das Reifen von Früchten.	d) Raumüberbrückung
5. Information, Beratung.	e) Absatzfinanzierung
6. Erschließung neuer Märkte, z. B. im Ausland.	f) Sortimentsbildung
7. Verkauf von Waren gegen Rechnung mit Zahlungsziel.	g) Service

Frage 2: Welches primäre Ziel verfolgen private Unternehmen? 1 richtige Antwort

a) Gewinnminimierung
b) Gewinnerzielung
c) Schaffung von Arbeitsplätzen
d) Deckung der Kosten

Frage 3: Der Lebensmittelgroßhändler Nordfrisch merkt verstärkt, dass „Nachhaltigkeit" beim Verbraucher gut ankommt. Durch welche Maßnahmen kann der Lebensmittelgroßhändler bei seiner Produktauswahl davon profitieren?

1. Verwendung von regionalen Produkten.	
2. Fleisch von Schlachttieren aus Massentierhaltung anbieten.	a) Geeignete Maßnahme
3. Einsatz von Lebensmitteln mit „Bio Siegel".	
4. Bei importieren Produkten immer das günstigste Produkt bevorzugen.	b) Nicht geeignete Maßnahme
5. Umweltfreundliche Verpackungen nutzen.	

Frage 4: Welche der genannten Leistung wird im Wirtschaftszweig „Handel" erbracht? 1 richtige Antwort

a) Herstellung von Gütern.
b) Herstellung von Rohstoffen.
c) Verteilung von Gütern an den Endverbraucher.
d) Versorgung der Wirtschaft mit Krediten.

Frage 5: Welche 3 Hauptfunktionen werden im Großhandelsbetrieb unterschieden?
1 richtige Antwort

a) Produktion - Lagerung - Verkauf
b) Beschaffung - Produktion - Absatz
c) Einkauf - Produktion - Verkauf
d) Einkauf - Lagerung - Verkauf

Frage 6: Die Delmo GmbH kauft industrielle Vorprodukte oder Halbzeuge, Stahl oder andere Werkstoffe und verkauft sie an Industrie-, Bau- oder Handwerksbetriebe weiter. Wie wird diese Art des Großhandels genannt? 1 richtige Antwort

a) Produktionsverbindungshandel
b) Aufkaufgroßhandel
c) Absatzgroßhandel
d) Cash- and-Carry-Großhandel

Frage 7: Ordnen Sie die Arten / Betriebsformen des Großhandels entsprechend zu.

1. Das Sortiment ist schmal und meist tief.	a) Zustellgroßhandel
2. Es werden mehrere Warenarten angeboten. Das Sortiment ist breit.	b) Cash-and-Carry-Großhandel
3. Die Waren werden mit eigenen Fahrzeugen oder durch Frachtführer geliefert.	c) Regalgroßhandel (Rack Jobber)
4. Die Waren werden vom Kunden selbst abgeholt.	d) Spezialgroßhandel
5. Der Kunde bedient sich selbst und zahlt sofort.	e) Sortimentsgroßhandel
6. Es werden vom Einzelhändler Regale gegen Provision zur Verfügung gestellt. Die Befüllung und Betreuung erfolgt durch den Großhändler.	f) Abholgroßhandel

Frage 8: Sie möchten sich über eine Firma informieren und ins Handelsregister einsehen. Unter welcher Voraussetzung ist das möglich? 1 richtige Antwort

a) Es sind keine Voraussetzungen nötig. Jeder kann ohne Begründung einen Ausdruck anfordern.
b) Sie müssen nachweisen, dass eine Geschäftsbeziehung besteht.
c) Sie benötigen die formlose Erlaubnis der Firma, über die Sie sich informieren wollen.
d) Sie müssen einen berechtigten Grund für die Einsichtnahme nennen.

Frage 9: Ordnen Sie folgende Aussagen zur Personengesellschaft entsprechend zu.

1. Die Haftung bei Personengesellschaften ist unbeschränkt.	
2. Die Errichtung durch nur eine Person ist möglich.	a) Richtig
3. Die Gründung einer Personengesellschaft ist aufwendiger als die Gründung von Kapitalgesellschaften.	b) Falsch
4. Es besteht eine gesamtschuldnerische Haftung der Gesellschafter.	

Frage 10: Zu welchem Zeitpunkt ist eine GmbH fähig, Rechtsgeschäfte abzuschließen?
1 richtige Antwort

a) Mit der Eintragung ins Handelsregister
b) Ab einem von den Gesellschaftern bestimmten Zeitpunkt
c) Mit der Unterschrift unter dem Gesellschaftervertrag
d) Dem der Gründung nachfolgenden Monatsersten

Frage 11: Welche der genannten Unternehmen sind Personengesellschaften?
2 richtige Antworten

a) Müller Autoteile GmbH
b) Peter Meier, Maschinenbau
c) Kaewel Maschinen AG
d) Ilka Lauser Gartengestaltung e. K.

Frage 12: Ordnen Sie anhand der Beschreibung die Gesellschaftsform zu.

1) Inhaber (Einzelunternehmen) haftet persönlich und unmittelbar mit seinem gesamten Vermögen.	a) AG
	b) e. K.
2) Komplementär haftet mit Privatvermögen, Kommanditist nur mit seiner Einlage.	c) GbR
3) Haftungsbeschränkung auf das Stammkapital. Leitung durch Geschäftsführung.	d) KG
	e) e. G.
4) Die Gesellschaftsform ist für größere Firmen gut geeignet. Firmenanteile werden über die Börse verkauft.	f) GmbH

Frage 13: Bei der Ben Schult Großhandel KG soll der Jahresgewinn verteilt werden. Nach dem Gesellschaftervertrag erhalten alle Gesellschafter eine Verzinsung von 4 % auf ihre Kapitaleinlage. Der Restgewinn soll zu 60 % an den Komplementär und zu je 20 % an die beiden Kommanditisten verteilt werden. Der Gewinn beträgt 90.000,00 €.

Kapitaleinlagen:
Ben Schult (Komplementär): 80.000,00 €
Georg Morel (Kommanditist): 50.000,00 €
Emil Müller (Kommanditist): 30.000,00 €

Ermitteln Sie den Gesamtgewinn von Georg Morel.

Frage 14: Welche Organe hat eine GmbH? 1 richtige Antwort

a) Hauptversammlung, Aufsichtsrat, Vorstand
b) Gesellschafter, Vorstand, Aufsichtsrat
c) Gesellschafterversammlung, Geschäftsführer und Aufsichtsrat (bei größeren Unternehmen über 500 Mitarbeitern)
d) Gesellschafterversammlung, Vorstand und Aufsichtsrat

Lösungen zu Fragenblock C

Frage 1: 1d, 2a, 3f, 4b, 5g, 6c, 7e

Frage 2: b

Frage 3: 1a, 2b, 3a, 4b, 5a

Frage 4: c

Frage 5: d

Frage 6: a

Frage 7: 1d, 2e, 3a, 4f, 5b, 6c

Frage 8: a

Frage 9: 1a, 2b, 3b, 4a

Frage 10: a

Frage 11: b, d

Frage 12: 1b, 2d, 3f, 4a

Frage 13: Ben Schult: 80.000,00 € x 4 % = 3200,00 € Verzinsung
Georg Morel: 50.000,00 € x 4 % = 2000,00 € Verzinsung
Emil Müller: 30.000,00 € x 4 % = 1200,00 € Verzinsung

Gewinn	90.000,00 €
- Verzinsung nach HGB	6.400,00 €
Restgewinn	83.600,00 €

	Ben Schult	Georg Morel	Emil Müller
Verzinsung Kapitaleinlage	3200,00 €	2000,00 €	1200,00 €
Verteilung Restgewinn	50.160,00 €	16.720,00 €	16.720,00 €
Gesamtgewinn	53.360,00 €	**18.720,00 €**	17.920,00 €

Frage 14: c

D. Organisation des Ausbildungsbetriebes

Situation zu den Fragen 1 - 3
Die neue Auszubildende Leonie Büler hat Fragen zu der Organisation in ihrem Betrieb.

Frage 1: Herr Kümmel hat in der Rechtsabteilung eine Stabsstelle. Was bedeutet der Begriff „Stabsstelle"? 2 richtige Antworten

a) Eine Stabsstelle ist eine nicht weisungsbefugte Stelle, die meist von Experten besetzt wird.
b) Eine Stabsstelle bereitet die Ablauforganisation vor.
c) Eine Stabsstelle bereitet Entscheidungen vor, die dann von Führungskräften getroffen werden.
d) Eine Stabsstelle ist eine Position mit großer Entscheidungsbefugnis innerhalb des Führungsstabes.

Frage 2: Was ist das Merkmal vom „Einliniensystem" in der Organisation? 1 richtige Antwort

a) Jeder Abteilung ist eine Stabsstelle zugeordnet, um bei fachlichen Fragen zu beraten.
b) Es gibt für jede Stelle mehrere übergeordnete Stellen, die Weisungen erteilen dürfen.
c) Es gibt für jede Stelle nur eine übergeordnete Stelle, die Weisungen erteilen darf.
d) Das Einliniensystem ist die bevorzugte Organisationsform von Großunternehmen.

Frage 3: Was ist ein Organisationsplan (Organigramm)? 1 richtige Antwort

a) Der Organisationsplan beschreibt die Aufgaben eines bestimmten Mitarbeiters.
b) Der Organisationsplan zeigt die Struktur des Unternehmens im Ganzen.
c) Der Organisationsplan legt die Buchung von Zahlungseingängen fest.
d) Der Organisationsplan zeigt die Fluchtwege bei Gefahren auf.

Frage 4: Ordnen Sie die Leistungen der entsprechenden Sozialversicherung zu.

1) Förderung der beruflichen Weiterbildung	a) Berufsgenossenschaft
2) Krankengeld	b) Pflegeversicherung
3) BAföG	c) Arbeitslosenversicherung
4) Pflegegeld	d) Krankenversicherung
5) Leistung nach Wegeunfall auf dem Weg von / zur Arbeit.	e) Die Leistung wird nicht von einer Sozialversicherung bezahlt.

Frage 5: Wer trägt die Kosten für die gesetzliche Unfallversicherung?

a) Arbeitgeber und Arbeitnehmer zahlen je 50 %.
b) Der Arbeitgeber trägt die Kosten allein.
c) Der Arbeitnehmer trägt die Kosten allein.
d) Die Kosten der gesetzlichen Unfallversicherung werden durch den Staat übernommen.

Frage 6: Ordnen Sie die Aussagen entsprechend zu.

1. Jeder Arbeitnehmer muss gegen Krankheit versichert sein. 2. Der Arbeitnehmer hat die Wahl, in welche Krankenversicherung er einzahlt. 3. Wenn das Einkommen die Beitragsbemessungsgrenze überschreitet, wird der Arbeitnehmer aus der gesetzlichen Krankenversicherung ausgeschlossen. 4. Wenn das Einkommen die Beitragsbemessungsgrenze überschreitet, hat der Arbeitnehmer die Möglichkeit, sich privat zu versichern.	a) Richtig b) Falsch

Frage 7: Wer kann Unfallverhütungsvorschriften erlassen? 1 richtige Antwort

a) Betriebsversammlung
b) Betriebsrat
c) Berufsgenossenschaft
d) Rentenversicherung

Frage 8: Welche Aufgaben werden von den Industrie- und Handelskammern wahrgenommen? 2 richtige Antworten

a) Tarifpartner der Gewerkschaften bei den Verhandlung zum Lohn- und Gehaltstarifvertrag.
b) Wahrnehmung der Interessen der Mitgliedsbetriebe.
c) Durchführung der Abschlussprüfungen.
d) Wahrnehmung der Interessen der Arbeitnehmer.

Frage 9: Ordnen Sie die Beschreibung der entsprechenden Vereinigung zu.

1. Freiwilliger Zusammenschluss von selbstständigen Handwerksbetrieben	a) Deutscher Gewerkschaftsbund (DGB)
2. Körperschaften des öffentlichen Rechts. Die Interessen der Mitglieder werden gefördert.	b) Bundesverband der Deutschen Industrie (BDI)
3. Dachverband von Einzelgewerkschaften	c) Innung
4. Interessenvertretung von Unternehmen der Industrie	d) Industrie- und Handelskammer / Handwerkskammer

Frage 10: Bund und Länder können Arbeitsschutzvorschriften erlassen. Wer ist für die Überwachung zuständig? 1 richtige Antwort

a) TÜV
b) Gewerbeaufsichtsamt
c) Rentenversicherung
d) Handwerkskammer / Industrie- und Handelskammer

Lösungen zu Fragenblock D

Frage 1: a, c

Frage 2: c

Frage 3: b

Frage 4: 1c, 2d, 3e, 4b, 5a

Frage 5: b

Frage 6: 1a, 2a, 3b, 4a

Frage 7: c

Frage 8: b, c

Frage 9: 1c, 2d, 3a, 4b

Frage 10: b

E. Berufsausbildung

Frage 1: Welche Pflichten hat der Ausbildende nach Abschluss des Berufsausbildungsvertrages unverzüglich zu erledigen? 2 richtige Antworten

a) Er muss den wesentlichen Inhalt des Vertrages niederlegen.
b) Er muss dem Auszubildenden den verantwortlichen Ausbilder benennen.
c) Er muss dem Auszubildenden oder dessen gesetzlichen Vertreter eine Abschrift des Vertrages aushändigen.
d) Er muss dem Auszubildenden unverzüglich die notwendigen Berichtshefte zuschicken.

Frage 2: In der Berufsausbildung sind die Ausbildungsinhalte festgelegt.
Wo können Sie diese Inhalte nachlesen? 1 richtige Antwort

a) Ausbildungsberufsbild und Ausbildungsrahmenplan
b) Ausbildungsberufsbild und Ausbildungsvertrag
c) Ausbildereignungsverordnung und Rahmenstoffplan
d) Ausbildungsrahmenplan und Prüfungsrichtlinien

Frage 3: Es wird eine neue Auszubildende eingestellt. Svea Müller ist 19 Jahre alt und freut sich auf ihre Ausbildung. Der Personalverantwortliche will mit ihr einen Ausbildungsvertrag abschließen. Welche Aussage ist richtig? 1 richtige Antwort

a) Der Ausbildungsvertrag kommt zustande durch die Unterschrift von Svea Müller und dem Vertreter des Ausbildungsbetriebes.
b) Der Ausbildungsvertrag bedarf der Unterschrift der Eltern von Svea Müller, da diese sie finanziell unterstützen.
c) Der Ausbildungsvertrag bedarf einer besonderen Form, da Svea Müller schon volljährig ist.
d) Ein mündlich geschlossener Ausbildungsvertrag zwischen Svea Müller und dem Ausbildungsbetrieb wäre unwirksam.

Frage 4: Wie lange darf die Probezeit im Berufsausbildungsvertrag nach dem Berufsbildungsgesetz dauern? 1 richtige Antwort

a) Die Probezeit beträgt 3 Monate.
b) Die Probezeit liegt zwischen 1 Monat und 6 Monaten.
c) Die Probezeit beträgt 4 Monate.
d) Die Probezeit muss zwischen 1 Monat und 4 Monaten liegen.

Frage 5: Welche Aussagen zum Ausbildungsrahmenplan sind richtig? 2 richtige Antworten

a) Der Ausbildungsrahmenplan ist Bestandteil der Ausbildungsordnung.
b) Im Ausbildungsrahmenplan werden die Lernziele für den Unterricht der Berufsschulen festgelegt.
c) Im Ausbildungsrahmenplan wird der Ablauf der Zwischen- und Abschlussprüfung geregelt.
d) Der Ausbildungsrahmenplan bildet die Grundlage für die sachliche und zeitliche Gliederung, die für einen Ausbildungsvertrag vorgeschrieben ist.

Frage 6: Jason Haase erhält einen Ausbildungsplatz als Kaufmann für Groß- und Außenhandelsmanagement. Er ist am 26. April 17 Jahre alt geworden. Wie hoch ist sein Urlaubsanspruch mindestens? 1 richtige Antwort

a) 30 Werktage b) 25 Werktage c) 27 Werktage d) 23 Werktage

Frage 7: Ordnen Sie die Rechtsgrundlagen entsprechend zu.

1. Mindesturlaubsanspruch für volljährige Auszubildende.	
2. Möglichkeit der Verkürzung der Ausbildung.	a) Jugendarbeitsschutzgesetz
3. Erstuntersuchung bei Jugendlichen vor Berufseintritt.	b) Berufsbildungsgesetz
4. Verbot von Vertragsstrafen während der Ausbildung.	
5. Mindesturlaubsanspruch für minderjährige Auszubildende.	c) Bundesurlaubsgesetz
6. Dauer eines anerkannten Ausbildungsberufs.	d) Ausbildungsordnung

Frage 8: Wie lang ist die gesetzliche Kündigungsfrist bei einem Berufsausbildungsvertrag <u>während</u> der Probezeit? 1 richtige Antwort

a) 6 Wochen zum Monatsende
b) 4 Wochen zum Monatsende
c) Es gibt keine Kündigungsfrist.
d) Während der Probezeit ist keine Kündigung möglich.

Frage 9: Bestimmen Sie, ob die folgenden Aussagen bei der Kündigung eines Ausbildungsverhältnisses <u>nach</u> der Probezeit zutreffen.

1. Die Kündigung kann schriftlich oder mündlich mit Zeugen erfolgen.	
2. Bei der Kündigung sind die Kündigungsgründe anzugeben.	
3. Die Kündigung ist unwirksam, wenn die ihr zu Grunde liegenden Tatsachen dem zur Kündigung Berechtigten länger als zwei Wochen bekannt sind.	a) Zutreffend
4. Ein Ausbildungsverhältnis kann nur aus einem wichtigen Grund mit einer Frist von 4 Wochen gekündigt werden.	b) Nicht zutreffend
5. Als Kündigungsgrund ist ein begründeter Verdacht bei Diebstahl ausreichend.	

Frage 10: In der beruflichen Ausbildung wird vom "Dualen System" gesprochen. Was ist damit gemeint? 1 richtige Antwort

a) Der Ausbildungsvertrag wird von 2 Parteien (Auszubildende/r und Betrieb) unterschrieben.
b) Die IHK führt 2 verschiedene Prüfungen durch, die praktische und die schriftliche Prüfung.
c) Die Berufsausbildung wird durch die Berufsschule und den Ausbildungsbetrieb durchgeführt.
d) Die Zusammenarbeit von Betrieb und Industrie- und Handelskammer oder Handwerkskammer wird als "Duales System" bezeichnet.

Situation zu den Fragen 11 - 13
Sonny Sunshine ist 17 Jahre alt und beginnt eine Ausbildung als Kauffrau für Groß- und Außenhandelsmanagement.

Frage 11: Wie lange darf Sonny ohne Pause arbeiten? 1 richtige Antwort

a) Spätestens nach 3,5 Stunden Arbeitszeit muss eine Pause gewährt werden.
b) Spätestens nach 4,5 Stunden Arbeitszeit muss eine Pause gewährt werden.
c) Spätestens nach 3 Stunden Arbeitszeit muss eine Pause gewährt werden.
d) Spätestens nach 4 Stunden Arbeitszeit muss eine Pause gewährt werden.

Frage 12: Wie hoch ist der Pausenanspruch und wie lang muss die Pause mindestens sein?

1. Sonny hat Anspruch auf 45 Minuten Pause.	a) Richtig
2. Sonny hat Anspruch auf 60 Minuten Pause.	b) Falsch
3. Sonny hat Anspruch auf 90 Minuten Pause.	
4. Eine Pause muss mindestens 10 Minuten lang sein.	
5. Eine Pause muss mindestens 15 Minuten lang sein.	

Frage 13: Sonny hat 1 x die Woche Berufsschule. Wie wird diese Zeit auf die Arbeitszeit angerechnet? 1 richtige Antwort

a) Ein Berufsschultag mit mehr als 5 Stunden wird mit 8 Std. auf die Arbeitszeit angerechnet.
b) Ein Berufsschultag mit mehr als 4 Stunden wird mit 7 Std. auf die Arbeitszeit angerechnet.
c) Ein Berufsschultag mit mehr als 6 Stunden wird mit 9 Std. auf die Arbeitszeit angerechnet.
d) Ein Berufsschultag mit mehr als 4 Stunden wird mit 6 Std. auf die Arbeitszeit angerechnet.

Frage 14: Die zuständige Stelle sieht die Voraussetzung zur Teilnahme an der Abschlussprüfung für Tim Karel als nicht erfüllt. Wer entscheidet, ob Tim für die Prüfung zugelassen wird? 1 richtige Antwort

a) Die zuständige Stelle, in diesem Fall der Ausbildungsberater der IHK.
b) Der Prüfungsausschuss
c) Das Direktorium der Berufsschule
d) Der Ausbildungsbetrieb, da er die Leistungsfähigkeit von Tim Karel am besten beurteilen kann.

Frage 15: Was ist der Unterschied zwischen einem normalen Arbeitszeugnis und einem qualifizierten Arbeitszeugnis? 1 richtige Antwort

a) Das qualifizierte Arbeitszeugnis enthält zusätzlich Angaben über Verhalten und Leistung des Auszubildenden.
b) Das qualifizierte Arbeitszeugnis wird zusätzlich vom zuständigen Ausbilder unterschrieben.
c) Das qualifizierte Arbeitszeugnis enthält eine genaue Beschreibung der Ausbildungsinhalte.
d) Das qualifizierte Arbeitszeugnis enthält Angaben über die körperliche Leistungsfähigkeit und die Krankheitstage.

Lösungen zu Fragenblock E

Frage 1: a, c

Frage 2: a

Frage 3: a

Frage 4: d

Frage 5: a, d

Frage 6: c

Frage 7: 1c, 2b, 3a, 4b, 5a, 6d

Frage 8: c

Frage 9: 1b, 2a, 3a, 4b, 5b

Frage 10: c

Frage 11: b

Frage 12: 1b, 2a, 3b, 4b, 5a

Frage 13: a

Frage 14: b

Frage 15: a

F. Arbeits-, sozial- und tarifrechtliche Vorschriften

Frage 1: In welchem Abstand wird der Betriebsrat gewählt? 1 richtige Antwort

a) Alle 4 Jahre
b) Alle 3 Jahre
c) Alle 2 Jahre
d) Der Abstand wird durch die Geschäftsleitung festgelegt.

Frage 2: Wer nimmt an der Betriebsversammlung teil? 1 richtige Antwort

a) Nur die Gewerkschaftsmitglieder des Betriebes
b) Nur die Gewerkschaftsmitglieder und die gewählten Betriebsräte
c) Alle Mitarbeiter des Betriebes
d) Die Geschäftsleitung und der Betriebsrat

Frage 3: Einem Arbeitnehmer wird gekündigt ohne den Betriebsrat zu hören. Welche Aussage ist richtig? 1 richtige Antwort

a) Die Kündigung ist wirksam. Die Geschäftsführung braucht den Betriebsrat nicht hinzuzuziehen.
b) Die Kündigung ist nicht wirksam. Kündigungen nimmt nur der Betriebsrat vor.
c) Die Kündigung ist nicht wirksam, da laut Betriebsverfassungsgesetz der Betriebsrat zu hören ist.
d) Die Kündigung ist wirksam, wenn der Betriebsrat zuvor informiert wurde.

Frage 4: Ordnen Sie die Rechte des Betriebsrates entsprechend zu.

1. Einführung eines neuen Produktes. 2. Beginn und Ende der Arbeitszeiten. 3. Versetzung eines Mitarbeiters. 4. Belegung von Mitarbeiterwohnungen. 5. Einstellung einer leitenden Mitarbeiterin.	a) Mitbestimmungsrecht b) Anhörungsrecht c) Informationsrecht

Frage 5: Welche Aussagen zur Jugend- und Auszubildendenvertretung (JAV) sind zutreffend?

1. Mitglieder des Betriebsrates können nicht zu Jugend- und Auszubildendenvertretern gewählt werden. 2. Das Betriebsverfassungsgesetz schreibt eine gerade Anzahl an JAV-Mitgliedern vor. 3. Die Wahlen finden in einem Zeitraum vom 1. Oktober bis 30. November statt. 4. Die Wahl findet alle 4 Jahre statt. 5. Die Sitzungen der JAV sind öffentlich.	a) Zutreffend b) Nicht zutreffend

Frage 6: Welche Aussagen zur Gültigkeit eines Tarifvertrages treffen zu? 2 richtige Antworten

a) Der Arbeitnehmer muss Mitglied einer Gewerkschaft sein.
b) Der Tarifvertrag kann vom zuständigen Ministerium für „Allgemeinverbindlich“ erklärt werden. Er gilt dann für alle Arbeitnehmer einer Branche.
c) Tarifverträge können mündlich abgeschlossen werden.
d) Tarifverträge werden zwischen einem einzelnen Arbeitgeber und dem Betriebsrat abgeschlossen.

Frage 7: Welche Vereinbarungen sind üblicherweise im Manteltarifvertrag geregelt? 2 richtige Antworten

a) Löhne und Gehälter
b) Dauer des Urlaubs
c) Eingruppierung in Lohn- und Gehaltsstufen
d) Einstellungs- und Kündigungsbedingungen

Frage 8: Welche Aussagen zu einer Betriebsvereinbarung sind richtig? 2 richtige Antworten

a) Die Betriebsvereinbarung ist ein Vertrag zwischen dem Arbeitgeber und dem Betriebsrat in dem verbindliche Normen festgelegt werden.
b) Die Betriebsvereinbarung regelt die Gehaltsstruktur für alle Betriebe einer Branche.
c) Die Betriebsvereinbarung gilt in der Regel nur für den Betrieb, für den sie vereinbart worden ist.
d) Die Betriebsvereinbarung besagt, dass der Betriebsrat immer eingeschaltet werden muss.

Frage 9: Ordnen Sie die Rechtsgrundlage entsprechend zu.

1) Eine Kündigung ohne die Anhörung des Betriebsrates ist unwirksam.	a) Jugendarbeitsschutzgesetz
	b) Tarifvertrag
2) Die regelmäßige wöchentliche Arbeitszeit im Elektrohandwerk in Niedersachsen beträgt 38,5 Stunden.	c) Kündigungsschutzgesetz
3) Bei betrieblich bedingten Kündigungen ist die Sozialauswahl zu beachten.	d) Betriebsverfassungsgesetz
	e) Jugendschutzgesetz
4) Ein Entgeltausfall darf durch den Besuch der Berufsschule nicht eintreten.	f) Mutterschutzgesetz

Frage 10: Sie möchten in Ihre Personalakte einsehen. Auf welches Gesetz können Sie sich beziehen? 1 richtige Antwort

a) Bürgerliches Gesetzbuch (BGB)
b) Handelsgesetzbuch (HGB)
c) Betriebsvereinbarung
d) Betriebsverfassungsgesetz

Frage 11: Sonja Sommer wurde in den Betriebsrat gewählt. Ordnen Sie nachfolgende Aussagen entsprechend zu.

Aussagen	
1. Frau Sommer erhält einen Gehaltszuschlag wegen besonderer Belastungen.	
2. Für Mitglieder des Betriebsrats gilt ein „besonderer Kündigungsschutz".	
3. Eine außerordentliche Kündigung von Frau Sommer aus „wichtigem Grund" ist möglich.	a) Richtig
4. Mit dem Ende der Amtszeit als Betriebsrat endet auch der „besondere Kündigungsschutz".	b) Falsch
5. Alle Betriebsratsmitglieder müssen Mitglied der entsprechenden Gewerkschaft sein.	

Frage 12: Was bedeutet der Begriff "Tarifautonomie"? 1 richtige Antwort

a) Streit zwischen Arbeitgeber und Gewerkschaften.
b) Der Tarifvertrag wird ohne Mitwirken des Staates abgeschlossen.
c) Der Tarifvertrag wird mit Mitwirken des Staates abgeschlossen.
d) Der Tarifvertrag ist allgemein gültig.

Frage 13: Grenzen Sie die Begriffe „individuelles Arbeitsrecht" und „kollektives Arbeitsrecht" voneinander ab. 2 richtige Antworten

a) Beim individuellen Arbeitsrecht werden Arbeitsbedingungen zwischen Arbeitgeber und Arbeitnehmer direkt ausgehandelt.
b) Beim individuellen Arbeitsrecht bestimmt der Arbeitgeber nach Verhandlung mit dem Betriebsrat die Arbeitsbedingungen.
c) Beim kollektiven Arbeitsrecht werden Arbeitsbedingungen durch eine Interessenvertretung ausgehandelt (z. B. Gewerkschaften für eine Branche im Tarifbezirk).
d) Beim kollektiven Arbeitsrecht müssen die vereinbarten Arbeitsbedingungen vom Staat für allgemein verbindlich erklärt werden, damit sie wirksam werden.

Situation zu den Fragen 14 - 15
Bei Tarifverhandlungen zwischen Gewerkschaft und Arbeitgeberverband ist es zu keinem Ergebnis gekommen. Es droht ein Streik.

Frage 14: Wie werden die Vermittlungsbemühungen durch eine unabhängige, unparteiische Person vor einem Streik genannt?

a) Urabstimmung b) Friedenspflicht c) Aussperrung d) Schlichtung

Frage 15: Welche Aussage zur Urabstimmung ist richtig? 1 richtige Antwort

a) Wenn mindestens 50 % der Gewerkschaftsmitglieder für einen Streik stimmen, dann darf die Gewerkschaft die Betriebe bestreiken.
b) Vor einer Urabstimmung muss eine Schlichtung durchgeführt worden sein.
c) An der Urabstimmung nehmen nur die entsprechenden Gewerkschaftsmitglieder teil.
d) Ein durch eine Urabstimmung beschlossener Streik darf eine gewisse Dauer nicht unterschreiten.

Lösungen zu Fragenblock F

Frage 1: a

Frage 2: c

Frage 3: c

Frage 4: 1c, 2a, 3b, 4a, 5c

Frage 5: 1a, 2b, 3a, 4b, 5b

Frage 6: a, b

Frage 7: b, d

Frage 8: a, c

Frage 9: 1d, 2b, 3c, 4a

Frage 10: d

Frage 11: 1b, 2a, 3a, 4b, 5b

Frage 12: b

Frage 13: a, c

Frage 14: d

Frage 15: c

G. Personalwesen

Situation zu den Fragen 1 - 4
Der Mitarbeiter Noah Yilmaz hat ein Bruttogehalt von 2485,00 €, ist ledig, hat keine Kinder und unterliegt einer Kirchensteuer von 9 % sowie einer Lohnsteuer von 338,16 €.

Weitere Abzüge von Noah Yilmaz sind:
- Rentenversicherung: 18,6 %
- Arbeitslosenversicherung: 2,6 %
- Krankenversicherung: 14,6 %
- Pflegeversicherung: 3,05 %
- Anteil Pflegeversicherung für Kinderlose: 0,35 %

Frage: 1: Welche Steuerklasse hat Noah Yilmaz? 1 richtige Antwort

a) Steuerklasse 1   b) Steuerklasse 2   c) Steuerklasse 3   d) Steuerklasse 4

Frage 2: Wie hoch ist die Kirchensteuer?

Frage 3: Berechnen Sie den Arbeitnehmeranteil der Krankenversicherung.

Frage 4: Berechnen Sie das Nettogehalt.

Frage 5: Sonja Rasant fährt mit ihrem Auto ins 40 km entfernte Hamm zur Arbeit. Sie lässt sich einen Steuerfreibetrag entsprechend eintragen. Welche Auswirkungen hat der Freibetrag? 1 richtige Antwort

a) Der Lohnsteuerfreibetrag senkt den Nettolohn.
b) Der Lohnsteuerfreibetrag senkt das zu versteuernde Bruttoeinkommen.
c) Der Steuerfreibetrag erhöht das zu versteuernde Bruttoeinkommen.
d) Der Lohnsteuerfreibetrag wird auf den Nettolohn geschlagen und muss versteuert werden.

Frage 6: Wie können folgende Ausgaben vom Kaufmann für Groß- und Außenhandelsmanagement Stefan Kolicek steuerlich verwendet werden?

1. Krankheitskosten (ab einer gewissen Höhe)	
2. Kosten für eine Bewerbung	a) Werbungskosten
3. Beiträge zur Haftpflichtversicherung	
4. Gewerkschaftsbeitrag	b) Außergewöhnliche Belastung
5. Beiträge zur gesetzlichen Rentenversicherung	c) Vorsorgeaufwendungen
6. Mehraufwendungen für beruflich bedingte doppelte Haushaltsführung	

Situation zu den Fragen 7 - 10
Die Petermann Garten Großhandel GmbH will in 6 Monaten ein neues Ausstellungsgebäude zur Erweiterung des Sortiments eröffnen. Hierfür sollen neue Mitarbeiter/-innen eingestellt werden.

Frage 7: Ordnen Sie Begriffe der Personalplanung entsprechend zu.

1. Einsatzort und Einsatzzeitpunkt werden geplant. 2. Anforderungen der Mitarbeiter/-innen werden festgelegt. 3. Die Anzahl der Mitarbeiter/-innen wird geplant. 4. Die benötigten Qualifikation werden festgehalten.	a) Quantitative Personalplanung b) Qualitative Personalplanung

Frage 8: Welche Vorteile hat die externe Personalbeschaffung? 2 richtige Antworten

a) Der Bewerber kennt sich im Unternehmen aus.
b) Keine internen Konflikte um die Stelle.
c) Kostenersparnis, da die Schaltung von Stellenanzeige entfällt.
d) Keine Personallücke durch den Wechsel in eine andere Abteilung.

Frage 9: Wo sind die Aufgaben und Kompetenzen einer Arbeitsstelle niedergelegt?
1 richtige Antwort

a) Stellenbeschreibung
b) Organigramm
c) Arbeitsablaufplan
d) Dienstanweisung

Frage 10: Sie werden beauftragt, einen Personalfragebogen an Bewerber /-innen zu verschicken. Ordnen Sie zu.

1. Haben Sie einen Führerschein? 2. Liegt eine Schwangerschaft vor? 3. Welchen Schulabschluss haben Sie? 4. Welche Zensuren haben Sie in Englisch und Spanisch? 5. Sind Sie Mitglied einer Gewerkschaft?	a) Zulässige Frage b) Nicht zulässige Frage

Situation zu den Fragen 11 - 12
Esra Borchert steht vor ihrer Abschlussprüfung. Sie soll nach bestandener Prüfung vom Betrieb übernommen werden. Sie möchte sich über Weiterbildungsangebote in der Firma informieren.

Frage 11: Warum wird Weiterbildung im Beruf für Arbeitnehmer/-innen immer wichtiger?
1 richtige Antwort

a) Die körperliche Fitness / Kondition wird gesteigert.
b) Durch Arbeitszeitverkürzung steht weniger Zeit für betriebliche Aufgaben zur Verfügung.
c) Die Kenntnisse müssen der schneller werdenden technischen Entwicklung angepasst werden.
d) Durch Weiterbildung im Beruf erhöht sich der Urlaubsanspruch.

Frage 12: In der nächsten Woche findet eine Weiterbildung statt, die sich mit der Einführung einer neuen E-Mail Software befasst. Wie wird diese Art der Fortbildung genannt?
1 richtige Antwort

a) Gruppenfortbildung
b) Aufstiegsfortbildung
c) Erhaltungsfortbildung
d) Anpassungsfortbildung

Situation zu den Fragen 13 - 14
Sie werden beauftragt, die Pausenregelungen zu überprüfen.

Auszug aus dem Arbeitszeitgesetz (ArbZG)

§ 4 Ruhepausen
Die Arbeit ist durch im Voraus feststehende Ruhepausen von mindestens 30 Minuten bei einer Arbeitszeit von mehr als sechs bis zu neun Stunden und 45 Minuten bei einer Arbeitszeit von mehr als neun Stunden insgesamt zu unterbrechen. Die Ruhepausen nach Satz 1 können in Zeitabschnitte von jeweils mindestens 15 Minuten aufgeteilt werden. Länger als sechs Stunden hintereinander dürfen Arbeitnehmer nicht ohne Ruhepause beschäftigt werden. …

Frage 13: Die 19-jährige Jette Bömer wird direkt nach der Ausbildung übernommen und arbeitet in Teilzeit 5 Stunden am Tag. Wie hoch ist ihr Pausenanspruch? 1 richtige Antwort

a) Jette Bömer hat nach dem Arbeitszeitgesetz einen Anspruch von mindestens 30 Minuten.
b) Jette Bömer war am Anfang des Jahres noch in der Ausbildung. Entsprechend gilt das Jugendarbeitsschutzgesetz. Somit hat sie einen Anspruch auf 30 Minuten Pause.
c) Sie hat keinen Pausenanspruch nach dem Arbeitszeitgesetz. Der besteht erst ab einer Arbeitszeit von 6 Stunden.
d) Jette Bömer hat nach dem Arbeitszeitgesetz einen Anspruch von mindestens 45 Minuten.

Frage 14: Keno Knabel ist 20 Jahre alt und macht eine Ausbildung als Kaufmann für Groß- und Außenhandelsmanagement. Er fängt um 7.30 Uhr an. Seine tägliche Arbeitszeit beträgt 8 Stunden. Wann muss er nach dem Arbeitszeitgesetz spätestens eine Pause machen?
1 richtige Antwort

a) Er muss spätestens um 13.00 Uhr eine Pause machen.
b) Er muss spätestens um 13.30 Uhr eine Pause machen
c) Er muss spätestens um 14.00 Uhr eine Pause machen.
d) Er muss spätestens um 14.30 Uhr eine Pause machen.

Frage 15: Die Südwest Großhandel AG möchte „Compliance Richtlinien“ im Personalbereich einführen. Welche Maßnahmen sind in diesem Zusammenhang geeignet? 2 richtige Antworten

a) Vertragsgemäße, ordentliche Bezahlung.
b) Vertrauliche Meldung von Missständen ermöglichen.
c) Erhöhung von Gehältern der Führungskräfte.
d) Streichung der Überstundenvergütung.

Lösungen zu Fragenblock G

Frage 1: a

Frage 2: 9 % von 338,16 € (Lohnsteuer) = **30,43 € Kirchensteuer**

Frage 3: 7,3 % von 2485,00 (Bruttogehalt) = **181,41 € Krankenversicherung** (Arbeitnehmeranteil)

Frage 4:

Bruttogehalt		2485,00 €
- Lohnsteuer		338,16 €
- Kirchensteuer		30,43 €
- Krankenversicherung	(7,3 % Arbeitnehmeranteil)	181,41 €
- Rentenversicherung	(9,3 % Arbeitnehmeranteil)	231,11 €
- Arbeitslosenversicherung	(1,30 % Arbeitnehmeranteil)	32,31 €
- Pflegeversicherung	(1,525 Arbeitnehmeranteil)	37,90 €
- Pflegeversicherung Kinderlose	(0,35 %)	8,70 €
Nettogehalt		**1624,98 €**

Frage 5: b

Frage 6: 1b, 2a, 3c, 4a, 5c, 6a

Frage 7: 1b, 2b, 3a, 4b

Frage 8: b, d

Frage 9: a

Frage 10: 1a, 2b, 3a, 4a, 5b

Frage 11: c

Frage 12: d

Frage 13: c

Frage 14: b

Frage 15: a, b

H. Sicherheit und Gesundheitsschutz bei der Arbeit, Umweltschutz

Frage 1: Sie sehen folgendes Zeichen. Was hat es zu bedeuten? 1 richtige Antwort

a) Sammelplatz der Rettungskräfte im Notfall
b) Sammelplatz bei Arbeitsbeginn
c) Strategisch wichtiger Platz auf dem Grundstück
d) Sammelplatz der Mitarbeiter/-innen in einem Notfall

Frage 2: Welche Bedeutung haben folgende Zeichen? Unterscheiden Sie zudem in Verbotszeichen, Warnzeichen, Gebotszeichen, Rettungszeichen und Brandschutzzeichen.

a)

b)

c)

d)

Frage 3: Welche Aussagen zum Sicherheitsbeauftragten sind richtig? 2 richtige Antworten

a) Sicherheitsbeauftragte weisen Vorgesetzte auf Arbeitsgefahren hin.
b) Der Sicherheitsbeauftragte ist bei Verstößen gegen die Unfallverhütung zivilrechtlich verantwortlich.
c) Bei der Bestellung des Sicherheitsbeauftragten ist der Betriebsrat zu beteiligen.
d) Nur technische Mitarbeiter eines Unternehmens können Sicherheitsbeauftragte werden.

Frage 4: In welchem Abstand ist die brandschutztechnische und sicherheitstechnische Funktionsfähigkeit von Feuerlöschern zu überprüfen? 1 richtige Antwort

a) Alle 2 Jahre b) Alle 3 Jahre c) Alle 4 Jahre d) Jedes Jahr

Frage 5: Wie verhalten Sie sich im Brandfall? 2 richtige Antworten

a) Alarm auslösen.
b) Türen des Raumes, in dem es brennt, öffnen.
c) Auch große Brandherde selbst bekämpfen.
d) Vorgeschriebene Fluchtwege benutzen.

Frage 6: Welche Anforderungen sind an Fluchtwege zu stellen? 2 richtige Antworten

a) Sie müssen verschlossen sein.
b) Sie müssen stets frei sein (nicht verstellt).
c) Sie dürfen keine Steigung aufweisen.
d) Sie dürfen nicht verschlossen sein.

Frage 7:

Welche Bedeutung hat dieses Prüfzeichen auf einem Produkt? 1 richtige Antwort CE	a) Es zeigt, dass das Produkt allen geltenden europäischen Vorschriften entspricht. b) Produkte mit dem Zeichen haben sich im Alltag bewährt. c) Das Produkt wurde innerhalb der EU produziert.

Situation zu den Fragen 8 - 9
Ein Mitarbeiter erleidet einen leichten Betriebsunfall.

Frage 8: Welcher Arzt muss aufgesucht werden, wenn die Verletzung nicht so schwer ist, dass ein Krankenwagen gerufen werden muss? 1 richtige Antwort

a) Der Amtsarzt
b) Der zuständige Unfallarzt (D-Arzt)
c) Der zuständige Allgemeinarzt
d) Der Arzt im nächstgelegenen Krankenhaus

Frage 9: Arbeitsunfälle müssen der Berufsgenossenschaft gemeldet werden, wenn die Arbeitsunfähigkeit länger dauert als … . 1 richtige Antwort

a) 1 Kalendertag
b) 2 Kalendertage
c) 3 Kalendertage
d) 1 Woche

Frage 10: Ordnen Sie die Inhalte dem entsprechenden Gesetz / der Verordnung zu.

1. Gesetz zum Schutz vor schädlichen Umwelteinwirkungen durch Luftverunreinigungen, Geräusche, Erschütterungen und ähnliche Vorgänge. 2. Verordnung zum Schutz vor gefährlichen Stoffen im deutschen Arbeitsschutz. 3. Bestimmungen über den Schutz und die Nutzung von Oberflächengewässern und des Grundwassers. 4. Regelungen zum nationalen und internationalen Transport von gefährlichen Gütern auf Straße, Schiene, Binnengewässern, in der Luft und zur See. 5. Den Sicherheitsbeauftragten kommt aufgrund ihrer Orts-, Fach- und Sachkenntnis die Aufgabe zu, Unfall- und Gesundheitsgefahren (Arbeitsschutz) zu erkennen und adäquat darauf zu reagieren.	a) Wasserhaushaltsgesetz b) Gefahrgutverordnung c) Bundes-Immissionsschutzgesetz d) Arbeitsstättenverordnung e) Gefahrstoffverordnung f) Betriebsverfassungsgesetz g) Regeln der Berufsgenossenschaft

Frage 11: Beim Einkauf eines neuen Druckers sehen Sie folgendes Zeichen. Welche Aussagen sind richtig? 2 richtige Antworten

a) Um das GS-Zeichen anbringen zu dürfen, muss der Hersteller sein Produkt von einer zugelassenen Prüfstelle (GS-Stelle) einer Baumusterprüfung unterziehen.
b) Das GS-Zeichen bestätigt eine besondere ökologische Herstellungsweise des Produktes.
c) Zur Aufrechterhaltung des Zertifikates führt die GS-Stelle Kontrollmaßnahmen (zum Beispiel Überwachung der Fertigungsstätte) durch.
d) Eine Prüfung durch die GS-Stelle ist für alle technischen Geräte vorgeschrieben.

Frage 12: Durch welche Maßnahmen lassen sich Umweltbelastungen im Lagerbereich reduzieren? 2 richtige Antworten

a) Durchlaufzeit erhöhen.
b) Flurfreie Fördermittel einsetzen.
c) Leerfahrten vermeiden.
d) Energiesparende Fördermittel einsetzen.

Frage 13: Welche Aussagen zur Rücknahme von Verpackungen stimmen? 2 richtige Antworten

a) Verkaufsverpackungen sind immer über das Duale System Deutschland (DSD) zu entsorgen.
b) Hersteller und Vertreiber müssen Transportverpackungen zurücknehmen.
c) Umverpackungen sind vor der Abgabe an den Endverbraucher zu entfernen oder dem Endverbraucher muss auf dem Verkaufsgelände die Möglichkeit zur Entsorgung bereitgestellt werden.
d) Umverpackungen brauchen nicht der Wiederverwertung zugeführt werden.

Frage 14: Welche Maßnahme steht bei der Abfallhierarchie des Kreislauf-Wirtschaftsgesetzes an erster Stelle (oben)? 1 richtige Antwort

a) Recycling
b) Abfallvermeidung
c) Vorbereitung zur Wiederverwendung
d) Beseitigung

Frage 15: Wie heißt das Handlungsprinzip zur Nutzung der Ressourcen? Die natürlichen Regenerationsfähigkeiten der beteiligten Systeme (vor allem von Lebewesen und Ökosystemen) sollen gewährleistet werden.

a) Sozialismus
b) Gewinnmaximierung
c) Nachhaltigkeit
d) Bedürfnis

Lösungen zu Fragenblock H

Frage 1: d

Frage 2:
a) Keine offene Flamme; Feuer, offene Zündquelle, Rauchen verboten (Verbotszeichen)
b) Warnung vor einer Gefahrenstelle (Warnzeichen)
c) Rettungsweg / Notausgang links (Rettungszeichen)
d) Schutzhandschuhe tragen (Gebotszeichen)

Frage 3: a, c

Frage 4: a

Frage 5: a, d

Frage 6: b, d

Frage 7: a

Frage 8: b

Frage 9: c

Frage 10: 1c, 2e, 3a, 4b, 5g

Frage 11: a, c

Frage 12: c, d

Frage 13: b, c

Frage 14: b

Frage 15: c